目標達成の心理学

GOSPA

GOSPA

株式会社GOSPA代表
滝内 恭敬
Yasuyuki Takiuchi

SUN
RISE

受講生の声

愛知県　ひろきさん　40代

以前取り組んでいたビジネスは将来性がなく、未来への不安がありましたが、本当に自分が世の中にどのような価値を提供できるのか？　を明確に知ることができ、今までまったく想像もしなかったようなサロンビジネスで起業し、悩んでいる人を救える仕事ができるようになりました！

東京都　ととさん　20代

アニメーション制作で起業できました！

福岡県　Jさん　30代

趣味として、女性対象に数秘術を教えていましたが、GOSPA実践後は、安定して月50万円を稼げるようになりました。

福岡県　すずきさん　40代

勤務していた会社を辞め、個人事業主として起業する予定でしたが、GOSPAを実践することで、最初から会社を設立することを決意。その結果、今や年商5千万円ほどの規模の建設コンサルティング会社となり、ぐんぐんと伸び続けています。当然、年収も比例するように伸びています！

神奈川県　はやとさん　30代

営業職に転職し、年間の売上目標を着実に達成できました！

東京都　Kさん　30代

ファッションコンサルタントとして仕事ができるようになりました！

広島県　ともこさん 50代

起業した主人の手伝いとして、最初は事務のみをしていましたが、自分の才能を知り、営業が向いていると気づきました。実践後、思いがけない結果が出ています。当初は月に30万円の目標でしたが、1ヵ月で100万円の売上を達成しました！

兵庫県　ゆかさん 20代

以前は起業したいと思いながらもずっと行動できずにいましたが、自分の才能を活かして起業し、GOSPAを実践後、2ヵ月でビジネスコンサルタントとして起業し、時間と経済の自由を得ることができました！

東京都　ごうきさん 20代

以前は仕事にやりがいを見出せなかったが、転職し、フィットネストレーナーとして活躍できるようになりました。

愛知県　なおやさん 20代

高卒現場作業員の状態からGOSPAを実践後3ヵ月で株式会社を設立し、経営コンサルタントとして月100万円を稼げるようになりました！

兵庫県　チャミさん 30代

ずっとお菓子作りを趣味として取り組んでいましたが、日本でも有名なお菓子作り講師の補佐役として活動することが決まりました！

静岡県　まりこさん　30代

以前は「会社員を漠然と卒業したい」とだけ考えていましたが、ＧＯＳＰＡを実践後、自分の才能に気づくことができ、さらにはチャンスやよい人脈ができ、投資で収益を出せるようになりました。

千葉県　Mさん　30代

以前のアパレルの仕事を卒業し、ＷＥＢ集客コンサルタントで起業して、初月から月収70万円を達成し、半年で月収１７０万円を稼げるようになりました！

東京都　たくまさん　20代

転職で収入を2倍にすることができました！

大阪府　Hさん　30代

以前はメーカーで設計の仕事をしていましたが、サロンを起業して、６ヵ月で月収２００万円を達成しました！

大阪府　さとしさん　20代

ＧＯＳＰＡを実践し、３週間で新しい仕事が決まり、それと同時に副業で完全歩合制のセールスを開始しました。営業未経験にも関わらず、土日だけの副業の収入が会社員の収入を超えたので会社員を辞めることができました！

東京都　シンさん　30代

「過去の自分のような人たちを救いたい」という、自分の使命感に打ち込める仕事ができるようになりました。

愛知県　みゆさん　40代

クリニック対象コンサルタントとして起業し、最初は3年以内に土台を作り、目標売上を達成する予定でしたが、GOSPAを実践した結果、なんと2年で土台を作り、その半年後に目標売上を達成することができました!

大阪府　ともさん　50代

会社経営を維持するための不安や恐怖がなくなりました。GOSPAを実践し、思考、行動、習慣をリセットし、約3ヵ月後につるむ人たちの層がガラリと変わり、いくつものビジネスチャンスと出会いました。

東京都　わかさん　40代

GOSPAを実践した結果、子供の早期教育についてママに指導するビジネスで起業でき、さらに念願だった本の出版も決まりました。「まさか自分がこんな結果を手にするなんて!」と、1年前の自分とはまったく違うライフスタイルを実現でき、びっくりしています。

プロローグ

多重債務、破産、ホームレス、うつ、ニート、離婚…。人生のどん底だった私がなぜ、そこから這い上がり、3年で1億円稼ぎ、時間と経済の自由を実現し、最愛のパートナーを手に入れることができたのか？

「成功したい」「幸せになりたい」「人生を変えたい」

この本を開いた方は、そうお考えのはずです。

収入や仕事、プライベートにおいて、理想と現実とのギャップを埋めるために、新しいことにチャレンジしようとしている方や、より自分らしさを活かせる仕事に就こうと、日々努力を積み重ねている方もいるかもしれませんね。

本書では、**面白いほどに目標を達成できる「GOSPA目標達成の心理学」**をお伝えします。しかも、気合と根性に頼らない手法で。

読者の方の中で、「自分には気合と根性がある！」と心から思っている人はどれほどいらっしゃるでしょうか。少なくとも、著者である私には皆無です。

「目標はがんばらないと達成できないものだ」

もしこんな風にお考えであれば、その思考は本日にて卒業です。本書を読み終える頃には、目標達成とは、こんなにもカンタンだったのか！　と、力を抜いて、リラックスした状態で人生を歩めるようになるでしょう。

努力することが素晴らしい、という精神論もアリかもしれません。しかし、それによって、目標達成とは気合と根性で成し遂げなければならず、とても苦しいことだと、マイナスのイメージや手法が潜在意識に刷り込まれてしまい、間違った努力により、理想から遠ざかってしまうという現象も見受けられます。

目標達成のスキルは決して先天的な才能ではなく、後天的に身に着けられるスキルです。

自動車の免許を取得する際に、初めはうまく運転できなくても、何度も反復練習を繰り返すことでほぼ全員が免許を取得できていますよね。目標達成のスキルはそれと同じなのです。

ですので、自分には気合と根性がない、と思っている方もご安心下さい。先に申し上げておくと、本書でお伝えする内容を素直に実践すれば、**必ずあなたの目標は達成できます。**

というのも、著者である私自身が気合と根性という言葉が本当に似合わない男で、自他ともに認める気分屋です。気合と根性、努力に頼る方法ではどうも続かず、むしろ気乗りしないためにそもそも始まらないなんてことも多々ありました。

私は過去に、多重債務、破産、ホームレス、うつ、ニート、離婚といった、人生のどん底を経験しましたが、そこから這い上がり、3年で1億円稼ぎ、時間と経済の自由を実現し、最愛のパートナーを手に入れることができています。

たしかに、世の中の成功している人たちは、ストイックで、まじめで、根性のある人なのだな、と思っている人も多いかもしれません。私も以前はそう思っていましたから。

中には本当にそのような素晴らしい方もおられますが、必ずしもその点が成功の要因だったとは限りません。

「努力は報われる」と言うけれど…本当だろうか？　私はそう疑問を抱きました。

そこで、私は、**目標達成のために、他に決定的なポイント**が何かあるはずだと思ったのです。その決定的なポイントを凝縮したメソッドが、本書でお伝えする「ＧＯＳＰＡ目標達成の心理学」です。

本書の目標達成のメソッドは、人生のあらゆる場面で活用できます。ビジネス、営業成績、恋愛、ダイエット…。あなたの目標達成のスキルが高まれば、理想の収入、仕事、プライベート、健康状態、心の充実度を含め、理想のライフスタイルを実現することができます。

あなたの心の中には、多かれ少なかれ「こうなりたい」という願いがあるかと思います。「目標がない」と感じている人もいるかもしれませんが、そんな人も、心の中には、すでに目標がちゃんとあるのです。本書で述べる目標設定の手法を実践することで、心の声を引っ張り出すことができるでしょう。

もしかすると、人によっては、過去に諦めた夢があるかもしれません。もしくは、「いつかきっと…」と、実現を先延ばしにしている夢があるかもしれません。

「自分がこんな結果を手にするなんて信じられない」と思うようなことであっても、現在はそう思い込んでいるだけで、正しい方法を実践すれば、カンタンに達成できてしまうかもしれません。

本書を通じてみなさんが目標を次々と達成し、人生を豊かな楽園のようなものにできることを楽しみにしております。

それでは、真理に基づいた「GOSPA目標達成の心理学」をお楽しみ下さい。

2018年4月

滝内　恭敬

GOSPA目標達成の心理学・目次

第2章 成功者のマインドとズレていないか？ 83

プロデュース　水野俊哉
カバー・本文デザイン　鈴木大輔（ソウルデザイン）
編集協力　北脇夕莉子
ＤＴＰ　大畑太郎
編集　飯沼暢子
川田　修

第 1 章

GOSPA

なぜ、今までの目標設定はうまくいかなかったのか？

夢リストに夢や願望を書いても実現できない

まず初めに、なぜ私自身が本書を書くことになったのかを説明させて下さい。

私は、10代の頃から成功に強く憧れ、様々なビジネスにチャレンジしました。成功本を200冊以上読み、100万円以上するような高額な成功教材を買い、セミナーをいくつも受講しました。

やはり多くの本を読んでいると、大成功するためには、起業しなければいけないという内容がほとんどですので、勤めていた航空会社の飛行機整備の仕事を2年で辞め、起業することになりました。

初めに取り組んだビジネスは、上海に渡り、輸入代理店ビジネスを展開したことでした。

上海の富裕層はアメリカや日本の製品が好きだという情報を入手し、代理店として、現地の富裕層に対するアメリカ製品の販売を考えたのです。

しかし、現地で契約を3件取ったものの、こんな見も知らぬ日本人の若造が信頼されるはずもなく、結局1件もお金が振り込まれることなく、全財産を失い、残った借金だけを背負い日本に帰国することになったのです。

帰国後、資金はない、信用もない状態で、家を借りることができずに、小さな車の中で寝泊まりし、深夜に集配センターで働いて食いぶちをつなぐ日々を送りました。

しかし、当然支払いが追いつかず、日中はテレアポのバイトを始めたものの、当時の私はというと、言葉巧みに話すスキルはおろか、日常のコミュニケーションスキルすらも皆無だったため、3ヵ月でクビに…。

コミュニケーション能力がなければ、人生が虚しいものになる！　と痛感した私は、思い切って、完全歩合制のセールス、いわゆるフルコミッションセールスの業界に飛び込み、人生の逆転を狙う決断をしました。

その後、ドン底から這い上がるために熱心に取り組み、世界的に有名な成功教材を紹介営業する仕事において、全国1位の営業成績となり、24歳で月収140万円を達成することができました。

お…俺、成功したか？

と一瞬思いましたが、そのような状態もそう長くは続かず、2008年のリーマンショックにより、栄光は阻止されることに。信用収縮により、クライアントのローン審査がほとんど通らなくなり、販売すらままならず、一瞬にして収入源が絶たれてしまったのです。

困った…そこで私は機転を利かし、「そうだ、FXだ！」と、手元にあった金額を全額投入して一発逆転を狙ったものの、未経験者の私がやってもうまくいくはずがなく、結局、全財産を吹き飛ばす羽目になったのです。

カードはブラックになり、再び深夜に集配センターで働くことになり、自らのローンの支払いは追いつかず、返済催促の電話が鳴り止まず…毎日、睡眠もまともにとれず、私は酷い鬱状態になってしまったのです。

少し前に聞いていたはずの話題も忘れ、食事の味もわからず、放心状態の日々を送っていました。

5年ほど本気で関わり続けた自己啓発業界を憎み、成功を追い求めて会社員を辞め、ビジネスや投資に一生懸命に取り組んできた自分の決断を悔やみました。そして結局、一番やりたくなかった、失敗して実家に帰るということをせざるをえなくなったのです。

親や兄弟、周囲にはバカにされ、さらには、ニートで収入ゼロのため、毎月の借金の利息分すらも返済することができず、最終的に破産するという最悪の結果になってしまったのです。

私のような人生敗北者は、成功なんてものを追い求めてはいけない、身の丈以上のものを手にしてはいけない、おとなしく会社員として安定した人生を歩むべきなのだと、自分自身と自分の将来に絶望を感じていました。

そこで、再び会社員として工場で働くことに。

幸運なことに、大手重工業の会社に入社でき、入社後3ヵ月にして、ニューヨーク地下鉄の設計に携わり、頻繁にニューヨーク出張へ行くような生活を送れるようになりました。

しかし、その傍ら、安定した会社員生活を続けたところで給料が劇的に増える訳でもなく、代わり映えのない、輝けない生活を送ることを考えると、人生の楽しみがなく、何か物足りなさも抱いていました。

そこで、私は考えました。「以前は会社員を辞めて起業して失敗したから、今度は会社員を続けながら起業したらどうだろう?」と。そこで、次はフルタイムではなく、土日だけで世界的な成功教材のフルコミッションセールスを始めることにしたのです。

前回と同様、高額な商品ではありましたが、関西ナンバー1、全国6位の営業成績を2年連続で達成し、土日だけで月100万円を安定して稼ぐことを習慣化できたのです。

さらには、大手安定企業に勤めたことで、プライベートにおいても元グランドスタッフの美女との結婚まで決まりました！

早く幸せな結婚生活を送りたいと考え、ラグジュアリーホテルにて豪華な結婚式を盛大に挙げました。

また、年々仕事も順調に進み、土日だけの収入で安定してきたため、本格的に独立しようと会社員を辞める決断をしたのでした。

ようやく、待ちに待った時間と経済の自由が実現できたかのように見えたのですが…。

突然妻が家を飛び出し、２ヵ月で離婚することに。理由は、安定した大手企業を辞めることが元妻の希望に反したからでした。そしてまた、ＦＸでお金を吹き飛ばして口座残高はゼロ。

また、無一文になった…。

美人の妻もいなくなった…。
なぜ、私は何度も無一文になるのだろうか…。
誰か、教えてくれ…。

そう、お陰様で私は非常に大切なことに気づけたわけです。

こんなジェットコースターのような人生を送ってきた私は、振り返るとつくづく思うのです。

当時の私は、夢リストを作成するという叶えたいことを紙に書く作業をしていました。
どんな内容か？　３ＬＤＫのマンションに一人暮らしをする、最高のパートナーと幸せな結婚生活を送る、年収３０００万円稼ぐ、アメックスのプラチナカードやブラックカードを所有するなど…。

でも、過去の私はというと、書いていた内容とはまったくかけ離れた内容をことごとく手にしているではありませんか！

3LDKのマンションに一人暮らしをすると書いたのに、ホームレス、その後1K6畳に住むなんて…しかも5人で。幸せな家庭生活と書いたのに、2ヵ月で離婚。年収3000万円稼ぐと書いたのに、多重債務になり、アメックスのプラチナカードやブラックカードが欲しいと書いたのに、まさか、ブラックリスト入りになって破産してしまうなんて（笑）。

ですので、ハッキリここで申し上げます。

夢リストに夢や願望を書いても実現できない！

「いやいや、書いたことが叶っているよ！」そう言いたくなる人もいるかと思います。それは年収数千万円稼ぐなどという大きな夢ではなく、すぐできそうな小さな夢だったのではないでしょうか？　ちなみに、後章では、成功とは思考を文字化する能力だということについてお伝えします。

これは、一見矛盾しているかのように感じるのですが、文字化する作業そのものはとても重要です。

しかし、よく考えてみて下さい。夢を書いたから叶ったのでしょうか？　とすると…きっとこの本は必要ないでしょう。今ここで紙に目標を書けば、わざわざ「GOSPA目標達成の心理学」を学ぶ必要性などないわけですから（笑）。

では、一体なぜ夢を紙に書いてもなかなか実現できない人がいるのでしょうか？

過去に、多重債務、破産、ホームレス、うつ、ニート、離婚といった、人生のどん底を味わい、ことごとく夢に裏切られ続けてきた私が、ある方法を実践することで、好きなことで起業して3年で1億円稼ぎ、時間と経済の自由を実現し、最愛のパートナーを手に入れることができたのです。その秘訣について、次にお伝えします。

「間接的努力の法則」を実践すると目標は自然と実現できる

ここで、少しみなさんに手を動かしてもらいたいと思います。

実際に紙を用意して、今から10分間で叶えたい夢を書いてみて下さい。個数は10個程度で十分です。

このようなワークをすると、大半の方において、「年収1000万円稼ぐ」「時間と経済の自由を手に入れる」などといった、収入に関する内容が見受けられます。

これらを「物質・経済面の夢」と言います。

経済的な夢を実現しようと思ったら、当然、その収入を実現できる仕事が必要になります。そこで、「起業して社長になる」「投資家になる」「会社員で出世する」「給料の高い会社に転職をする」等、仕事に関する夢が登場します。これらを「キャリア・仕事面の夢」

と言います。

また、「人生を二人三脚で歩む魂の伴侶と結ばれる」、「子供に海外留学を経験させる」、「家族と世界旅行に行って素晴らしい景色を見に行く」、「両親に豪華客船のクルーズ旅行をプレゼントする」など、プライベートや家庭生活を充実させる夢も多いかと思います。これらを「プライベート・家庭面の夢」と言います。

さて、これらの**「物質・経済面」、「キャリア・仕事面」、「プライベート・家庭面」の夢は、目に見える分野ばかりです。つまり、結果レベルということになります。**

原因と結果の法則や、種まきと収穫の法則にもあるように、結果には必ず原因があり、果実を見れば種がわかるものです。

そうです、**私たちが手にしている結果は、紛れもなく私たちが原因を作っている**のです。手にしている結果が仮に満足のいくものでなかったとしても、自分が原因を作ったということを受け入れることが第一歩です。

つまり、**望むものが手に入るのではなく、現在の自分にふさわしいものが手に入る**ということです。夢リストに書いた内容がどんなことであれ、その結果を手にするのにふさわしい自分になれているのか？　ということが、夢を叶えるために最も重要なのです。

目に見えるお金や仕事、異性ばかりをゴリゴリ追い求めれば求めるほどに、果たしてどうなってしまうのか？

面白いほどに、理想の結果が逃げていき、逆に望まぬ結果が手に入り、絵に描いた餅になってしまうのです。これがまさしく、昔の私のように、必死で夢を紙に書いたのに叶わなかった人のケースです。

しかし、**望む結果を手にするのにふさわしい自分になっている場合であれば、目に見える結果を追いかけなくても「気がつけば自然と望む結果が手に入っていた」**というような状況になります。これを、**「間接的努力の法則」**と言います。

え？　努力はいらないのでは⁉　そうでした（笑）。

ご安心下さい。これからお伝えする内容を努力と捉えるのか否かは個人の自由ですが、最小限の行動で最大のリターンを手にする、意味のある自己啓発法をお伝えしましょう。

では、具体的にどのように間接的努力をすればいいのか、次にご説明します。

土台レベルを大きくする

先ほどから何度も出てきているように、望む結果を手にするのにふさわしい自分になっているのか？　ということが非常に大切だということですが、**間接的努力を実践する部分は、すべて私たちの内面性についてであり、目に見えない部分をいかに大きくできるのか、**ということになります。

間接的努力を実施すべき目に見えない部分は、以下の４つの分野に分かれます。

- **スキル・教養面**
- **美容・健康面**

・心・精神面
・思考・人格面

これら4つの分野のことを、まとめて**「土台レベル」**と呼ぶことにしましょう。

手にする結果レベルと私たちの内面性である土台レベルの関係性をわかりやすくまとめた図が、次のページに示す「GOSPAピラミッド」です。

見てわかるように、土台レベルに支えられながら、収入や仕事、プライベートが結果レベルとしてのっかっているのです。

当然、土台が小さければ、手に入る結果も小さくなります。つまり、手にする結果レベルはあくまで副産物ということです。

では、土台レベルを大きくする具体的なポイントとして、それぞれの4つの分野を詳しく解説していきましょう。

▶ GOSPA ピラミッド

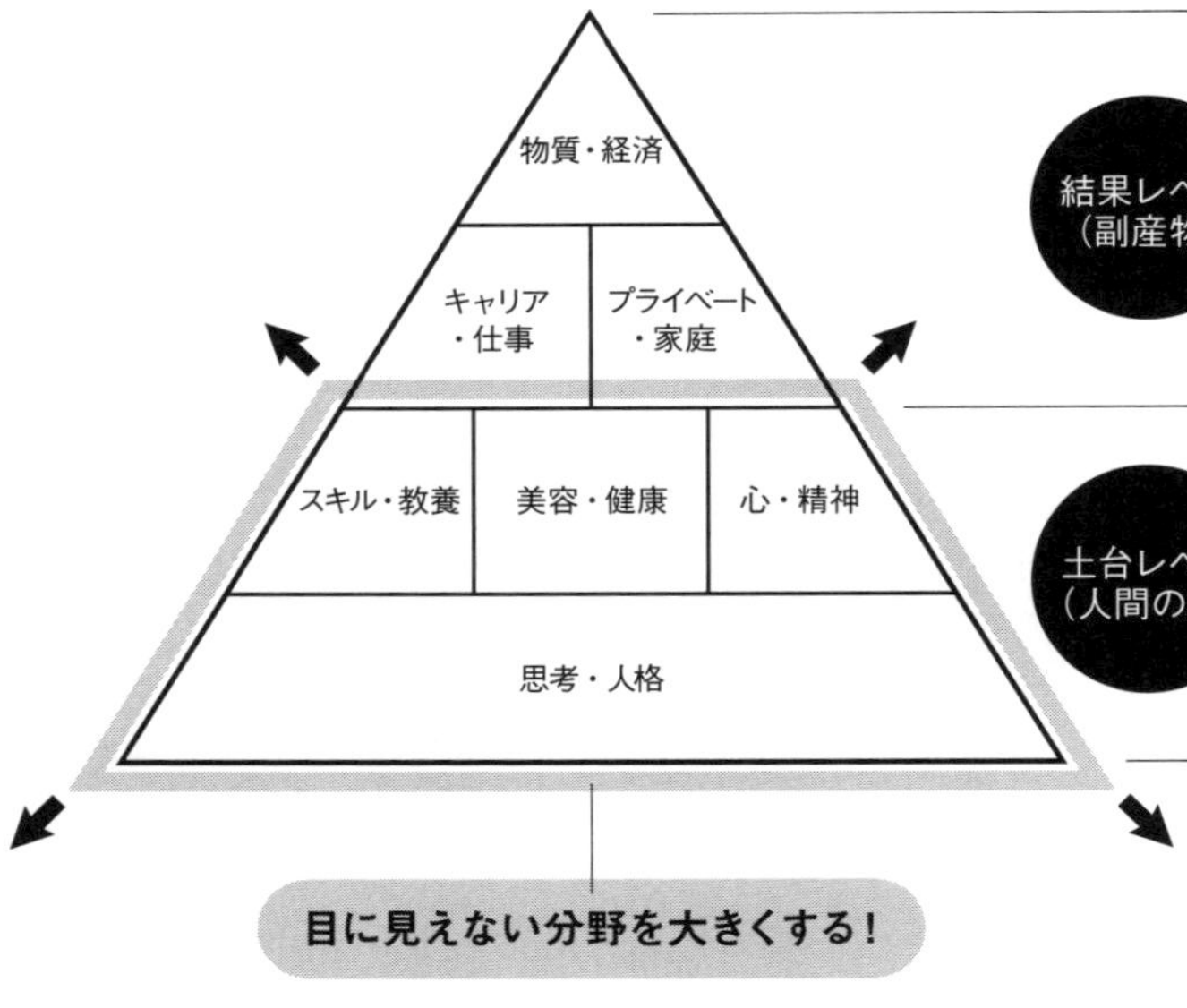
物質・経済
キャリア
・仕事
プライベート
・家庭
スキル・教養
美容・健康
心・精神
思考・人格
結果レベル
(副産物)
土台レベル
(人間の器)
目に見えない分野を大きくする!

得たい結果を手にするためのスキル・教養があるか？

まず、「スキル・教養面」について。

もし、明日朝起きて頭の中が経営の神様、松下幸之助さんに変わっていたら…1年後には仕事内容と稼ぐ金額は大きく変わっていて当然ですよね。

仕事で成果を出すためには、知識やスキルが欠かせません。情報格差とも言われているほどに、知っているか知らないかで結果が大きく変わることだって山ほどありますし、現在の仕事においても、今まで学んできた知識とスキルによって成果を出されているかと思います。

しかし、今では、資格や学歴は必ずしも収入に直結しない時代になりました。学歴が高くても収入は増えず、資格があっても稼げないことだってあります。弁護士、税理士、歯科医がいい例です。資格取得者が増えたことで、需要と供給のバランスが崩れ、素晴らしい資格を取得したからといって稼げるとは限りません。かく言う私は学歴なしの無資格人間ですが、19歳からビジネスの現場で実践的な経験を積むことができ、今では早く社会に出てよかったと思っています。

つまり、**暗記の知識ではなく、実践のスキルが重要である**ということです。

例えば、消火器の使用方法マニュアルを読んだときに、「なんだ、簡単じゃないか」と思っていても、いざ実践してみると、「ピンが抜けない」なんてことが起こってしまうのです。他にも、車の運転や、スポーツも同様です。テレビで見ているだけだと、なんだか自分にもできそうな気がしてくるのですが、実際やってみるとまったく体が動かない！（笑）。

もちろん、ビジネスにおいてもそうです。20万円の商品を5人に販売したら、月100万円稼げると言われても、頭では理解できても実践できない人が多いのです。

特に、現代のように、個人が活躍する時代に突入しているときに求められるスキルとは、「稼ぐスキル」です。つまり、会社に雇われてお金をもらうのではなく、**個人の価値提供**

能力が問われる時代になっているのです。

「稼ぐスキル」とは、以下の3つのスキルで構成されます。

- **コンセプト**
- **集客力**
- **営業力**

これらが掛け算で効いてきて、「稼ぐスキル」となるのです。

「好きなことで起業」という言い回しがあふれているので、自分の好きなことでどうにかしてお金を稼げないかな？　と考える方も多いと思いますが、経験値が浅い時期には、自分の好きなことが必ずしもお金を生み出すとも限りません。

というのは、「起業＝お困りごと解決」であり、「ただ自分が好きだから」という理由だけでは自己満足に陥ってしまい、価値提供にならないからです。

まずは**一度、自分視点を捨てて、一体自分が何をすることが、顧客にとって最も価値の高いことなのかを明確にする必要がある**のです。

さらに、現代のようなネットの時代においては、何か情報を得ようと思えば、すぐスマホで検索ができます。個人がカンタンにメディアを持てるようにもなり、ネットで情報を発信することも容易にできてしまいます。

となると、ホームページなどからの、ネットによる集客力は欠かせません。もしビジネスをやっているにも関わらず、顧客が検索するキーワードでホームページが上位表示できていなければ、自分のビジネスはこの世に存在しません！　と言っているようなものです。口コミで集客するスタイルは時代遅れとなることもあり、非生産的です。

「大切な人に口コミで教えたい」と言う方もいますが、別の考え方もできます。

一人でも多くの人が、みなさんのビジネスのサービスを通じて、よりよい結果を手にしてほしいと考えるならば、頻繁に目にするネット上で上位表示されている方が踏み込みやすいことも多いのです。

例えば、発毛サロンで起業した方がいました。薄毛で悩む人においては、それが大きなコンプレックスなので、もしかするとあまり外出をしないかもしれませんし、ましてや友人に相談なんてできないことの方が多いでしょう。となると、口コミでいいサロン情報を知るなんて機会がそもそもありません。逆に、ネットで検索をかけて、いいサロンが見つかってくれると大変嬉しい話です。

その発毛サロンで起業した方は、大阪の発毛サロンとしてホームページを作成し、上位表示ができているので、ネットからの申込が殺到し、今でも安定して高い売上を継続できています。

他にも、アトピーの方向けのエステサロンで開業されている人もいますが、対象とするクライアントは、アトピー症状がひどくて、もしかすると、外見を気にして家にこもり切りになる可能性が高いのです。また、周囲の人にとっても「どこそこのサロン行ってきなよ」なんていうアドバイスもしにくいですよね。ということは、やはりクライアント本人がネットで探すことになります。

そして、起業家は、目の前のお客様に商品やサービスを購入頂いて、初めてお困りごとを解決しているわけですから、**売れないとお客様に貢献できない**のです。

その際に、必要となるスキルは、営業力です。これはどんなビジネスをする上でも欠かせないスキルになってきます。

あなたは、20万円を超えるような商品を赤の他人に売ることができますか？　私は以前、100万円を超える成功教材をローンで販売していた時期もありましたので、会社の看板を外して、個人として高額商品を売る難しさをよく味わっていました。

残念ながら、会社員の営業経験は起業に活かせません。会社の看板を背負って営業できるので、まったく別のスキルになると言ってもいいでしょう。

営業で最も大切なことは、相手の心理状態を変えることです。「買わない」と思っていたお客様が、あなたと話をすることで、「買いたい」という決断に変わるということです。セールスは恋愛と似ていて、「あなたとはつき合わない」と思っていた異性が、あなたと話をしていくうちに、「つき合いたい」という心境に変わるようなものです。

別の言い方をすると、扱う商品がいいから買うのではなく、**「あなたから買いたい」**と思われる必要があるということです。

私はセールス指導経験も数多くありますので、このまま書き続けたい思いは山々ですが、本書はセールスの専門書ではありませんのでこの辺にしておきましょう。

まとめると、**「稼ぐスキル＝コンセプト×集客力×営業力」**を身につけると、何をやっても起業でき、お金に困らなくなります。時間と経済の自由を手に入れたいと考える人は、もしかしたら無駄になってしまうかもしれない資格や学位の取得に労力を注ぐ前に、この「稼ぐスキル」を高めることに時間とお金と労力を注ぐことを強くオススメします。

エネルギーの高いものを手にできる自分になっているか?

続いて、「美容・健康面」のお話です。ただ病気にならないことが健康ではありません。ここでいう健康とは、いつもエネルギーの高い状態を維持し、**ハイパフォーマンスを発揮できている状態**のことです。

私たちは目に見えるものであれ、見えないものであれ、体内に取り入れているものから影響を受けています。いつもエネルギッシュで高いパフォーマンスを発揮するために、主に、**食事、運動、睡眠をどれだけ意識できているのかが鍵**となります。

成功者は必ずと言っていいほどに、健康管理のために、お金や時間を優先的に注ぎます。

経営者の方達は重々理解されているかと思いますが、自分のコンディションが会社の業績や売上に大きく影響するので、健康管理やパフォーマンス維持は習慣にせざるをえないわけです。

ある受講生Oさんは、以前まではまったく健康面に意識を使っておらず、不健康そのものでした。

タバコを吸い、カップラーメン、ジャンクフードを食べ、運動はせず、仕事が忙しく睡眠も乱れていたのです。しかし、ある日、男としてより自信をつけ、稼げる自分になるために、健康面を徹底強化しました。食事を整え、タバコをやめ、朝ランニングをして、定期的にジムに行き、規則正しい健康的な生活を送るようにしたのです。

その3ヵ月後、変化が起こりました。営業先で出逢った素敵な女性2人に声をかけられ、そのうちの1人となんとつき合うことに！　さらに1ヵ月後に電撃結婚を果たしたのでした。

仕事においても営業成績が格段に向上し、MVPに選ばれるという、公私ともに豊かなライフスタイルを実現できたのです。

他にも、毎週ジムに通って筋トレに励むことで、月100万円を安定して稼ぐことができるようになった人や、加圧トレーニングを毎週することで、フルコミッションセールスで全国ナンバー1となり、年収4000万円を達成した人など、健康面を強化し、エネルギーを高い状態に保つことで人生を変えた人の例を挙げればきりがありません。

「やりたいことがわからない」と言っている人において、話を聞いているうちに、共通して食事が乱れていることがよくあります。もしくは、運動する習慣がなく、夜勤続きで体内時計が狂ってしまっている人もいます。このような場合は、やりたいことがわからないという症状はあくまで表面的なものであり、本当のところは、エネルギーが低すぎて、夢や目標が思い描けないだけなのです。

そんな人も、食事を栄養価の高いものに変えて、運動する習慣を作ってもらうだけで、3ヵ月もしたら、「私、本当はこれがしたいんです！」という発言が出てくるものです。

特に、私はいつも8時間から10時間とよく寝るタイプなので、睡眠時間を削って働くなんてことは非生産的すぎると思っています。寝不足だとIQが低下し、お酒を飲んだ酔っ払いレベルにまで落ちるそうです。むしろ、よく寝て、高い生産性を発揮して短時間で仕事を終わらせる方がエネルギーが高く、よっぽどいい仕事ができるでしょう。

たくさん残業する人が偉いという風潮が残っている会社もありますが、これはナンセンス。だらだら仕事をして残業代で給料を稼ごうとする人だっていますし、周囲の顔色をうかがって長く残っているだけだとすれば、本人も会社も貴重な時間とお金とエネルギーを浪費しているようなものです。

いい気分で過ごせているか？

そして、「心・精神面」に続きます。詳しくは後章で述べますが、**目標達成能力を高めるためには、いつもいい気分でいることがなによりも重要**です。いい気分とは、喜び、感謝、愛、利他など、よい感情のことです。

しかし、1日8時間会社にいる間、ずっといい気分でい続けられている人は残念ながら少ないのが現状です。私自身も過去は、不平や不満を言い、今手にしている結果に対し感謝ができていないときもありました。

会社員であれば、会社に行けば給料がもらえるのでさほど影響がないかもしれませんが、起業家は、よい精神状態を維持していない限り成功はありえません。

よい判断を下し、人を活気づけ、お客様にいいサービスを提供するのに、怒りや苛立ち、恐怖を抱き続けていると、どうなってしまうでしょうか？

言うまでもなく、このようなネガティブな感情があると経済面にダイレクトに影響を及ぼしてしまいます。

目に見えない心の中とは言っても、その人の発言内容や表情、波動などから目に見える形で表面化してしまうのです。

右肩上がりの会社の社長は、必ずと言っていいほどいつもいい気分です。さらには、社員もいい気分です。

例えば、鬱になってしまう人の場合について考えてみましょう。これは、周囲の環境や人間関係の問題だけではなく、一生懸命がんばったのに得たい結果が手に入らずに燃え尽きてしまったり、価値観に沿わない仕事に日々取り組んで人生を無駄遣いしてしまっていることや、食事や運動、睡眠が乱れることで鬱症状を引き起こすのです。私も過去にメンタルがボロボロになってしまったときがありましたが、同じような理由からでした。

ありのままの自分を表現したいと思いながらも、親や先生、周囲の常識や既成概念に従わなければいけないとか、自分を表現してはいけないなどと思い込んでしまい、心の中でアクセルとブレーキを同時に踏みながらがんばるうちに、心が壊れてしまうようなものです。

「怒らせる人はこの世に存在しない」と言われます。怒るという感情を選択した自分がいるだけなのです。

幸いなことに、**私たちには感情を選択する自由があるので、いかなる時にもよい感情を選択することができる**のです。

ある受講生Sさんは、いつも職場でイライラしていました。上司に仕事を頼まれてもイライラ。お客様との商談でもイライラ。彼氏との会話にもイライラ。四六時中、悪い感情を抱きながら生活していたのです。

そこで、彼女は、精神面を整えるために、聖書を読むことにしました。

聖書と聞くと宗教のイメージが強くありますが、世界的な自己啓発の源流はユダヤ教やキリスト教であり、宗教本ではなく、ある意味ビジネス書です。世界一のベストセラーである聖書から成功哲学を学ぶことは多いにあるのです。

特に、人間はどう生きるべきなのか、また、どのような心持ちでいるとビッグバンを引き起こした高次のエネルギー体とつながり、必要な時に必要なタイミングで必要なものを手にすることができるのかを理解できるのです。

また、Sさんは定期的にパワースポットに行くことで、波動のよい空間で気分をリフレッシュし、いい気分を味わう機会を増やしたのです。

こうやって、Sさんは精神面を整えていくにつれて、自分は幸せな世界に生かされているということを感じ、何事にも感謝できるようになったのです。これは本当に大きな変化でした。

職場でも、お世話になっている上司に感謝の気持ちを抱きながら笑顔で会話できるようになり、友人からも「最近、綺麗になったね」と言われる機会が増えたそうです。

さらには、つき合っていた彼氏からプロポーズされ、結婚も決まりました。精神が穏やかな女性と一緒にいると男性は癒されるので、ぜひとも妻にしたいと思ったのでしょう。

また、チャンスが舞い込み、憧れていた会社への転職にも成功したのでした。それによって年収までアップしたのです。

精神面は目に見えない分野とは言っても、「40歳を過ぎたら自分の顔に責任を持ちなさい」という言い伝えもあるほどに、表情という目に見える形で表れるのです。

先ほどのSさんのように、感謝する習慣を身につけることで、今までは見えなかった豊かさやチャンスが見えるようになり、外部環境が自分を作るのではなく、**自分の内面性が環境を形成している**ということに気がつけるでしょう。

考えている通りの人間になる

最後に、最も重要な部分である、「思考・人格面」です。簡潔に言うと、人格は思考の集合体であり、**考えている通りの人間になる**ということです。

今手にしている結果も、自分が考えた通りになっているはずです。「そんな、まさか！」と思うような結果を手にしているとしても、自分が無意識に考え続けた通りになっているのです。

「レモンをイメージしないで下さい」

と、言われても、イメージしますよね（笑）。

これと同様に、「お金を失いたくない」と考える人がいます。しかし、潜在意識は否定表現を認識しません。つまり、「疲れない体」「困らない生活」などは、「疲れる」「困る」というイメージで思考し続けることになってしまいます。

昔、アメリカの裁判官が少女をレイプするという事件が起きました。「裁判官という仕事に就きながらも、なぜそのような罪を犯してしまったのか？」と記者から質問を受けた際に、「いつも近所に住む少女の裸をイメージし続けていたところ、本当に実行してしまった」と答えたそうです。

他にも、ある飛行機のハイジャック事件の犯人は、フライトシュミレーターゲームのマニアで、いつも飛行機を操縦することばかり考えていました。すると、本当に飛行機を操縦したくてたまらなくなり、実際に飛行機をハイジャックして機長を刺し殺し、操縦してしまいました。ほとんどの殺人鬼というものは、殺人の動画や写真ばかりを見ては、武器を買い集め、人を殺す光景を考え続けている中で自然と実行してしまうのです。

世の中の大半の犯罪は、その時にたまたま起こったものではなく、日頃から本人が考えている思考が何かの拍子にふと表に現れてしまっただけのようです。

なぜ、私があえてこんな悪い事件のことばかりを書き続けたのかには意味があります。

悪いことであれ、よいことであれ、考え続けると現実になってしまうのです。

「できなかったらどうしよう?」という考えを抱く時点で、できない結果をイメージすることになり、できない結果を引き起こすわけですが、「できたらどうしよう?」と考えることで、望む結果を自然と実現しやすくなるのです。

要は、起こってもいない未来について悪い妄想を繰り広げていく人がいますが、これは自分でそのような結果を思考し続け、叶えたい、叶えたくないに関わらず、その出来事を行動の95%を引き起こす潜在意識に刷り込んでいるようなものなのです。

ということは、逆に言うと、成功や目標達成、偉業や発明などといった素晴らしい出来事においても同様のことが当てはまります。偶然起こったことではなく、日頃から習慣的に考えていたよい思考が、ある時にふと表に現れたに過ぎないのです。

せっかくだったら、「望まないこと」ではなく「望むこと」だけを考えて、よいイメージを抱き続けることに思考を働かせたいものです。

1日の思考の数は6万個と言われています。では、これをわかりやすく射的に例えて、あなたの銃に6発の球が入っているとしましょう。

当然、当てるべき的があります。貴重な6発の中で打ち抜かなければいけません。しかし、多くの人が、他の人を狙ったり、後ろを振り返って、ありもしない場所を狙って連発したり、幽霊やモンスター、幻想のために球を無駄遣いしている状態なのです。結局、本当に的に当てるべき時に、「球がない!」という状態になってしまうのです。

つまり、なりたくないことや過去の出来事、不安に思っていることばかりに思いを巡らし、6万個の思考を無駄遣いしているのです。お金や時間と聞くと、計測可能であるために「節約」や「効率」を考えやすいのですが、思考となると目に見えずに、測定しにくいことから、このような意味のないものに使ってしまうことがあるのです。

あなたは、貴重な資源である思考を、一体何に注いで生きているのでしょうか？

成功者は、必ずよい思考を実践しているはずです。なりたいイメージを抱いているのです。ここで、**明確な目標がある人は、その的に向けて6万個の思考を集中させることができる**ので、達成確率が上がることは言うまでもないでしょう。

しかし、目標設定はいらない、という人もいます。ぶっちゃけると目標がなくても生きてはいけますので、太平洋を漂うクラゲのように、自分に人生の主導権がなく、親や会社、旦那さんや奥さんにコントロール権を委ねて生きていきたい人にとっては必要ないでしょう。

ここで驚くべき統計データをお伝えしましょう。

1979年、ハーバード大学のマーク・マコーマック教授が、興味深い調査を実施しました。キャンパスの学生たちに「人生の明確な目標設定と、それを達成するための行動計画を作成しているのか?」と、質問したそうです。

すると、84%の学生はそもそも目標を持っておらず、13%の学生は目標はあるが紙に書いておらず、3%の学生が明確な目標を持ち、計画を紙に書いていたそうです。

10年後の1989年に、卒業した彼らを再び集め、追跡調査を行いました。すると、当時、目標を持っていたものの、紙には書いていなかった13%の学生たちの平均収入は、目標を持っていなかった84%の学生たちの2倍以上だったという結果でした。

さらに、明確な目標を持ち、計画を紙に書いていた3%の学生たちの収入の平均は、残りの97%の学生たち全員の収入を合わせたものより10倍以上も多かったという驚くべき結果が出たのです。つまり、**目標を紙に書いていた学生とそうでない学生との間には、323倍もの収入差があった**ということになります。

しかし、１９７９年当時は、各家庭にパソコンやインターネットは普及しておらず、ビジネスの速度や時代の変化において、今とは大きく異なっていました。先ほどの話にもあったように、現代のようなネットの時代では、個人がカンタンにメディアを持てるようになり、世界中に一瞬で情報を発信できるようにもなったため、当時10年から20年かかったことが、５年から10年程度で収入が30倍から３００倍になってしまうことも起こりえるのです。

かく言う私も、初めて明確な目標設定をしたのが２０１０年でした。当時、年間で稼ぐ金額は３５０万円程度でしたが、５年で15倍になりました。２０１８年度においては、30倍を軽く達成できると見込んでいます。これは明確な目標設定がなければ実現は難しかったはずです。

なぜなら、目標がないと**毎日思考が散っている状態**なのですから。

ということで、人生をよりよくしたいというのであれば目標設定をすることをオススメします。

ここまでで、私たちの人生の土台レベルである「スキル・教養面」、「美容・健康面」「心・精神面」「思考・人格面」について詳しくお伝えさせて頂きました。

土台は私たち人間の器であり、器以上の結果は手に入らないようになっているということですが、もし、器以上の結果が手に入ってしまったときは、間違いなく不幸になってしまいます。

宝くじの1等が当たった人は5年から10年の間に破産し、当たる前よりも不幸になっている人が95%とも言われていますが、これは、自分の器にふさわしくない大金を手にしたことによって、器に入りきらずに人生が崩壊してしまったということです。もしかしたら、これは投資や相続などで短期的にお金を得た人も同様かもしれません。大金を手にすることがよいことだと思っていたものの、実際は不幸と破滅への入り口だったということもあります。

仕事を変えれば人生がよくなると思い、転職を繰り返す人もいますが、転職しても給料が下がるか、以前とほぼ変わらない人が多いのです。土台が変わらない限りは職場が変わろうとも、手にする結果がよくなることはあまりありません。

また、器にふさわしくないパートナーと結婚すれば、いずれ離婚することになることでしょう。

そう考えると、土台にふさわしい結果しか手に入らないということは、とても幸いなことです。今、手にしている結果が自分の器にふさわしい結果ということを受け止め、土台を磨けばいいのです。

目に見えない部分を大きくすることで、副産物として結果がついてくるという、「間接的努力の法則」を実践すると100%目標達成できるようになります。

58ページに土台レベルを大きくするためのワークシートである「GOSPAピラミッド」フォーマットがあります。

こちらでは、あなたの望む結果レベルはもちろん、それを手にするのにふさわしい土台レベルを明確化することができます。

詳しい書き方と具体例については、読者特典として、「GOSPAピラミッド書き方動画」を無料でダウンロードして頂けますので、そちらをぜひご参照下さい。

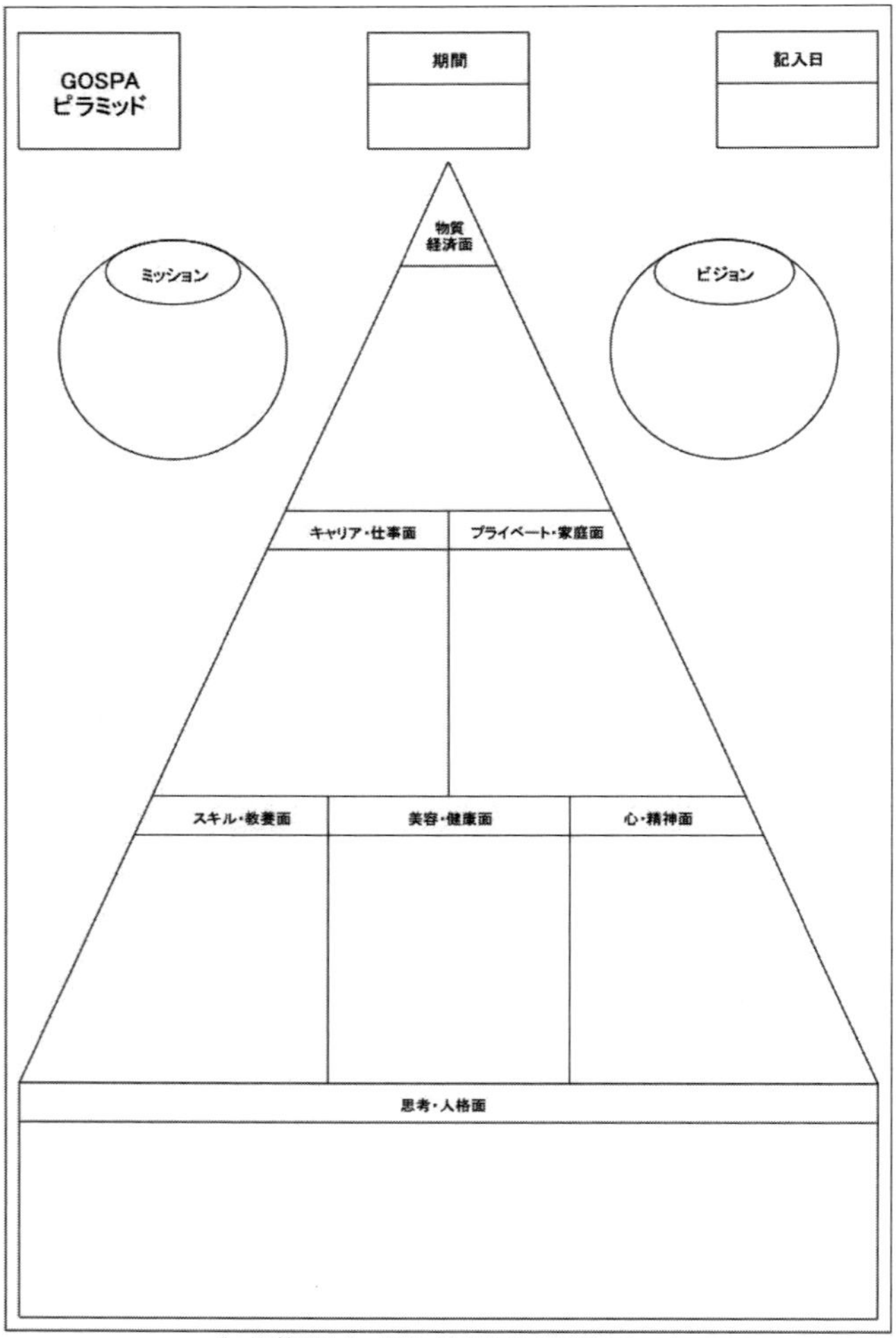
GOSPA
ピラミッド
期間
記入日
物質
経済面
ミッション
ビジョン
キャリア・仕事面
プライベート・家庭面
スキル・教養面
美容・健康面
心・精神面
思考・人格面

継続できないのは間違ったモチベーションを使っているから

土台を大きくすることに取り組みながらも、次に意識して頂きたいのが、モチベーションをどう維持していくのかです。

私は昔から3日坊主です。いや、3日も続かないかもしれません。「最初の勢いはいいものの続かない…」「3日坊主で終わってしまう…」などという声を他の方からもよく聞きます。

挙句の果てに、自分の努力が足りないせいだとか、気合と根性がないからだと自分を責め、より自信をなくしてしまうパターンが大半です。この悪循環から抜け出しましょう。

継続できないのは、何も気合や根性といった精神論の話ではなく、間違ったモチベーションを使ってしまっていることに原因があるのです。

そもそもモチベーションと混同されやすい単語があります。それは、テンションです。

成功しようと思って、勢いよくテンションを高めてしまうのですが、テンションは空元気のことであり、一時的な気分の高揚で終わってしまいます。もちろん、テンションが高い方がいいということも言われていますし、精神面の向上の部分でお伝えした通り、いい気分でいることは大切です。しかし、残念ながら、「テンションが高い＝行動を生む」ということにはなりません。

例えば、テンションが高い状態とは女子校生が「きゃっ！これかわいい！」と、騒いでいる状態となんら変わりないわけですが、だからと言って彼女たちは勉強やバイトに熱心に取り組むという行動をとるでしょうか？

つまり、テンションとモチベーションはまったく異なるものなのです。

モチベーションとは、「motive（動機）」と「action（行動）」という単語から生まれており、行動の源という意味合いがあります。

そのために、テンションは何も行動を生みませんが、モチベーションが高い人は行動を生み出し、結果を変えることができるのです。

ですが、**このモチベーションにも3つの種類があり、そのうちのたった1つしか大きな成果にはつながらない**のです。その3つのモチベーションについて詳しくご説明しましょう。

①恐怖モチベーション

恐怖モチベーションというのは、その名の通り、何かに怯えて恐怖によって奮い立たされている状態のことです。

「明日からなぜ仕事に行くのですか?」と聞かれると、「だって、行かないと上司に怒られるし…」「行かないとお客様からクレームが出るし…」「毎月の支払いがあるし…」と、何かに追われているような答えをする人がいます。

▶恐怖モチベーション

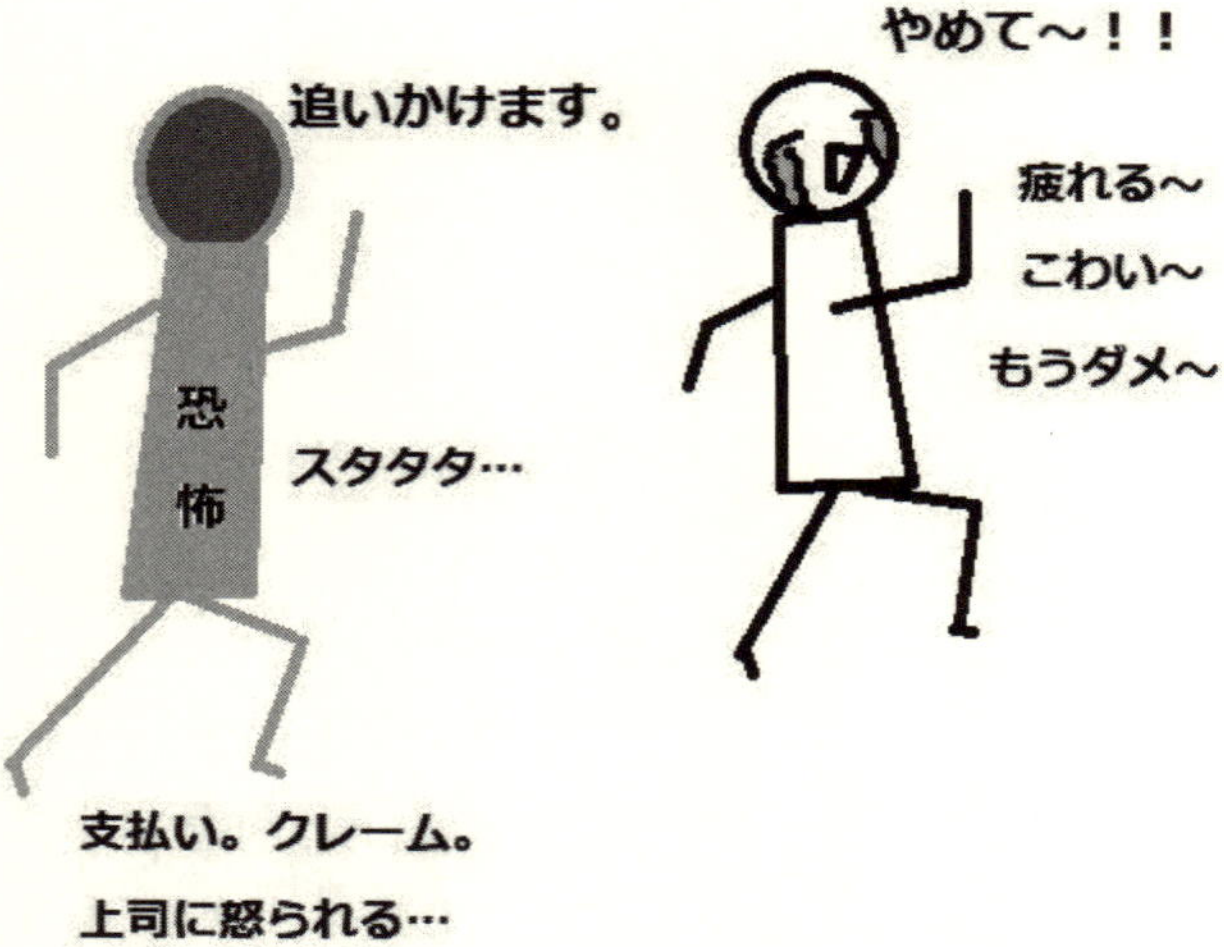

厄介なことに、「そんなに嫌なら辞めたらいいんじゃない？」と言っても、「食べていけなくなるじゃないか！」と、お金を失う恐怖に怯えながら日々を生きているのです。

世の中の大半の人にとっての最大の恐怖は、お金を失う恐怖です。

「別にお金を稼がなくてもいいのなら辞めてしまいたい」そう思う仕事ならば、恐怖モチベーションの可能性が大です。

すでにおわかりかと思いますが、恐怖モチベーションでは確実に成功しません。たとえ、どれだけ我慢をし続けたとしても！

外部から与えられたモチベーションなので、ジェットコースターのように上がったり下がったりを繰り返し、最低限のことしかできない低いモチベーションのままです。結局、自分の内面から生まれたものではないために持続せず、目標を達成するまでやり続けられないことの方が多いのです。

②報酬モチベーション

２つ目のモチベーションは、報酬モチベーションです。

「今月の営業成績がナンバー1になったら、ボーナス１００万円もらえるからがんばる！」

「起業したら、時間と経済の自由が手に入る！」

これも読んだ字の如く、見返りや報酬目当てでやる気を出すことを言います。

しかし、またもやこのモチベーションも成功にはつながっていません。

仮に、今回はボーナスを100万円もらえたとして、次に同じやる気を出すためには会社から200万円をもらわなければいけません。しかし会社はそんなに多くはくれません。そこでやる気を失ってしまうのです。

つまり、ご褒美がないとやっていられない、という状態に陥っているのです。

ビジネスをやっていると、時にはなかなか思うように収益が出ない時期だってあります。もし報酬モチベーションでやっているのなら、間違いなく稼げなかったらやめますし、逆に稼いでもやめます。燃え尽き症候群のような状態になってしまうのです。

もしくは、ファンや協力者が去ってしまうかもしれません。あなたは目がお金になっている人から商品やサービスを購入したいですか？　報酬モチベーションでやっていると最初のうちは勢いがいいのですが、これもつかの間に消え去ります。

▶報酬モチベーション

短期的には効果があるかもしれませんが、人生において、永続的な繁栄を手にするためには、このモチベーションは使えないということになります。

③使命感のモチベーション

さて、こちらが最後のモチベーションです。これを使うことでしか成功につながる道はないということになりました。使命感のモチベーションとはどのような状態なのでしょうか？

カンタンに言うと、やりたいからやっているという状態です。**誰から指示されたわけでもなく、自分の内面から生まれたモチベーションによって行動できている**のです。

また、使命とは、命を使うと書きます。要するに、命をかけてでも成し遂げたいことが使命です。

歴史上の宗教の伝道者たちは命懸けで伝道活動をしていましたが、彼らは特別な報酬があるわけでもなく、恐怖に追われているわけでもありません。「その教えのおかげで自分の人生が救われた！　だから多くの人にもその教えを伝えたい！」という彼らの熱い使命感と情熱で行動していました。

あなたは、なぜ今の仕事をやっているのですか？
あなたは、なぜ今のビジネスをやっているのですか？

この、**「なぜ？」に対する質問の答えが鍵**です。

成功者は必ずと言っていいほどに使命感で動いています。恐怖や報酬に操られてビジネスをやっているわけではありません。

例えば、今は亡き大成功者、スティーブ・ジョブズの話で説明しましょう。

彼は、「世界を驚かせる革新的なデバイスを作りたい」という熱い思いで、あらゆる画期的な商品を生み出し続けました。これこそが彼の使命でした。

今でも、ジョブズの使命に強く共感、共鳴し、アップル信者と呼ばれる熱狂的なファンが世界中に存在しています。

アップル信者は、アップルの製品しか購入しません。最新版が出たら飛びつくように即購入します。彼らの熱心さとは、仮に使い道や用途がよくわからない状態だったとしても、発売日1週間前から列を作って並んで待っているほどです。

彼らは、「ジョブズが作った商品ならば、どんなに値段が高かろうが買いたい」と強く思っているのです。

ここに大きなヒントがあります。さて、あなたには信者がいますか？

あなたの使命に大きく共感し、あなたにお金と時間の対価を払ってでも関わりたいと思ってくれる熱いファンがいるということが成功の鍵なのです。

しかし、学校でも会社でも信者の作り方など教えてくれません。学歴や資格があれば、よい人生が送れるという間違った思い込みのままの人もいます。

信者という漢字を一文字にすると、儲かる（もうかる）です。信者がいると、だから儲かるのです。信者がいない会社は、短命で儲かりません。

先ほどの間接的努力の法則でもあったように、**お金というものは追いかけるものではなく、副産物として自然と手に入るもの**なのです。あなたにとって、命を使ってでもこの一生涯で成し遂げたいことは何でしょうか？

「自分の使命がわからない！」と言っている人がいます。そのような人は、次の質問をしてみて下さい。

お金と時間が大量にあり余っていたとして、世の中や人々のために成し遂げたいことは何でしょうか？　もしくは、過去に辛い経験をしたことがある人であれば、当時の自分のような人を救えるとするならば何をするのか？

実は、この**コンプレックスや人生で経験した逆境や困難が使命を見つける大きなヒント**になります。

人間なら誰にでも1個や2個はコンプレックスがあると思います。私はコンプレックスだらけの人間でした。コミュニケーション能力がなければ、お金もなく、ガリガリ体型で、緊張して人前で話せない‼　しかし、今ではこれも感謝の対象です。コンプレックスがあったからこそ克服しようと思うことができ、さらには克服した経験が今のビジネスにつながっているからです。

だから、自分の好きなことがわからない、使命がわからないと言っている人は、頭で考えて思いつこうなんて難しいことはせず、自分のコンプレックスを宝に変えられるようにして下さい。その中で様々な学びや経験を積むことができるはずです。

好きなものがない、と言っている人ほど圧倒的に経験値が少ないのです。要は、世界を知らないし、行動していないだけなのです。

極端な例ですが、ビニールハウスで育ったような箱入りモヤシ状態では感動もなければ使命もないでしょう。

目の前にお寿司の出前があって、どのネタが一番おいしいのかを知るには、全部食べてみるしか知るすべがありません。一見マズそうに見えるカニミソやウニが意外に美味しい！　なんてこともあり、人生においても同じです。

つまり、何かを始める際には、何をすればいいのかをじっくり考えるよりも大量行動をする方が早いということです。なので、私はよく受講生にこう言います。「目の前の寿司を全部食って、どれが一番うまかったのか、俺に教えてくれ！」と。

ある調査では、上司に指示されて嫌々仕事をする人よりも、好きなことに自発的に取り組んで仕事をしている人の方が７００倍以上も生産性が高いという結果が出ており、「好きこそ物の上手なれ」で、偉業につながるということも理解できます。

他にも、松下幸之助さんの名言があります。

「成功するための秘訣が一つだけある。成功するまでやり続ければ必ず成功する」

「それができひんから困っとるんじゃい！」と、過去の私は思っていましたが、それもそのはず。私のモチベーションが使命感によるものではなかったからです。しかし、使命感のモチベーションを使うようになってから、松下幸之助さんが言う名言を実行することができました。さらには、成功するまでやり続けられるだけではなく、成功してからもやり続けられることがわかったのです。

▶使命感のモチベーション

さて、使命感を使えば、偉大なパワーを発揮できるということがおわかり頂けましたでしょうか。人生は自己責任です。せっかく一度きりの人生なら、誰かに言われたからやるとかではなく、本当に自分の内面から生まれた使命感のモチベーションで生きる方が、充実した人生となるに違いありません。死ぬときに後悔するのは、やったことより、やら

なかったことです。

続いては、あなたの使命感や目標を明確にするために必要な考え方や、具体的な方法について、ご説明していきます。

成功者の目標設定と失敗者の目標設定はまったく違う

この項目では、目標設定の具体的なポイントをご説明していきます。

多くの人が、夢や目標を語るときに、「お金持ちになりたい」などと漠然とした理想を語ります。

「どこに旅行に行きたい？」と聞かれて、「あったかいところに行きたい」と言っているようなものです（笑）。

これだと目的地が沖縄なのか、バリ島なのか、アメリカ西海岸なのかわからないために、選ぶべき乗り物がわからず、とりあえず乗り慣れた新幹線に乗ったものの、気がつけば鹿児島に到着して、「あれ？　こんなはずじゃなかった…」となっているのです。

こんな例を言うと、とんちんかんもいいところなのですが、多くの人が、このように漠然とした理想を思い描き、雲をつかむような難しいことをしてしまっているのです。

漠然としたものを追い求め、漠然とした行動をとり、漠然とした結果を手に入れてしまっているのです。

失敗者は、過去を基準に未来を考えます。

「今まで○○の勉強をしてきて、資格も取得したから、これからもこの資格を使って生きていこう」とか、「今までこの彼となんとなく3年間つき合ってきたから、この流れで結婚しよう」など、過去ベースの思考によって、現状の延長線上にしか未来を考えられず、本当にやりたいことがいつまでも実現できずにいるのです。

ほとんどの人が就職する際も、今までの経験と知識、資格で判断しているのではないでしょうか。

しかし、**成功者は、過去は生ごみだと捉えており、見ているのは未来**です。

将来こうなりたい、という夢から逆算し、今必要な人脈やスキル、知識を習得しようと行動するのです。

要は、**なりたい理想から逆算した今を生きるということを徹底**しています。

仮に、理想と現状がかけ離れていたとしても、多くの人たちが、変化を恐れ、現状にしがみつき、人生の選択を間違えてしまうのです。

年収1億円稼ぎたいと思いながらも会社員生活をかれこれ10年継続しているとか、自由な働き方をしたいと思いつつも5年が経過してしまったとか、プライベート面においても、正しい目標設定をしていなかったために、長年つき合ったからという理由だけで価値観がすれ違った夫婦生活を送り、最終的に離婚するなど、好ましくない結果を招いているのです。

成功の大きさは、目標の大きさで決まる

では、「年収1000万円稼ぐ」これは正しい目標設定でしょうか？

実は、間違った目標設定です。なぜでしょうか？

期間が明確でない？　手段が明確でない？　様々な答えが出てくることでしょう。

答えは、「現状の延長線上で実現できるから」です。

先ほどお伝えした成功者の目標設定を実践するなら、現状の延長線上で実現できてしまう目標は目標ではないのです。年収1000万円であれば会社員でも可能ですし、もちろんビジネスをやっても可能です。

詳しく解説していきましょう。現状の延長線上で達成できてしまう目標は、自分の潜在能力を開花させよう！　というスイッチが入りません。心の底からわくわくしないことが多いですし、要するに大きなエネルギーが発揮できないために、行動ができない場合がほとんどです。毎日やる気が起きずに、日々燃えている感覚はないでしょう。

では、どのような目標設定が正しいのでしょうか？

例えば、「海賊王になる！」と言った男がいますね？　そうです。人気アニメ「ワンピース」の主人公、ルフィーです。

これこそが、正しい目標設定です。つまり、**とてつもなく大きすぎる目標を設定するという点にポイントがあります。**

大きすぎる目標は、どうすれば達成できるのかが想像できません。だからいいのです。

達成方法がさっぱりわからないくらいに大きすぎる目標は、「どうやったらできるのか？」を四六時中、真剣に考えるきっかけを作り、人間の潜在能力を開花させます。潜在意識は眠っている間も働き続けますので、いずれ答えが見つかるのです。最初から手法がわかっているような目標は、目標とは呼びません。

ルフィーが「海賊王になる！」と公言したことで、何が起こりましたか？　優秀な仲間が集まってきてくれました。それも8名も！

仮にルフィーが「年収1000万円稼ぐ！」とだけ言っていたら、勝手にやっておけば〜と思われて終わったでしょう。

周囲への影響力や、世の中への貢献度を格段にアップさせるためにも、どうすれば実現できるかわからないくらいに大きな目標を設定する必要があるのです。

早く行きたければ一人で行きなさい。
遠くへ行きたければみんなで行きなさい。

偉業を成し遂げた人は、遠くへ行った人です。決して、独りぼっちで達成したわけではありません。

偉業を成し遂げた人たちには、優秀な同志がいました。
松下幸之助さんにも、高橋荒太郎さんがいました。
本田宗一郎さんにも、藤沢武夫さんがいました。

素晴らしい同志を持つためにも、大きな目標を設定することから始まります。

「給料は要りません。あなたの使命に大きく共感したので、あなたの背中を見て、ぜひついていきたいと思ったのです」……このように思う人が、あなたにとって同志となるでしょう。

夢から逆算してそれにつながることを今日しているか？

1年後、英語を話せるようになりたいと言いながら、今日一言も英語を口にしていなければ、そのような1日が365回繰り返されて到底ペラペラになるはずもないことは明白です。

それと同様に、あなたが望む理想を実現するためには、今日の行動の積み重ねでしか実現できないのです。

多くの人が「将来こうなりたい！」と夢を語りながら、まったくズレたことを日々してしまっているのです。では、成功するためには、大それたことをしなければいけないのでしょうか？　いいえ、そんな必要はなく、むしろ逆効果になります。

先ほど、大きすぎる目標設定の重要性をお伝えしましたが、突然にその目標を達成するわけではありません。というのも、無謀なチャレンジをして破滅するか、逆に、無謀な目標を掲げるあまり一歩も踏み出せないまま、ずっと同じ場所に居続けて破滅するか、いずれにしても破滅する結果になってしまうからです。**やるべきは、将来の夢につながることで、今すぐできることに取り組み、小さな成功体験を積み上げることと**です。

目標達成はロッククライミングのようなもので、今の自分が少し手を伸ばしたら届くところに確実に手をかけ、体を引き上げ、足をかける。その繰り返しで半年も経てば、結構な高さのところへ到達できているものです。

この段階を追って確実に達成していくプロセスに、驚くべき効果が隠れているのです。

「小さな目標なんて立てたくない！」と思う人がいるかもしれません。しかし、これはこの効果をわかっていない証拠。これについては次章で詳細をご説明します。

第 2 章

GOSPA

成功者の
マインドと
ズレていないか？

成功は90％考え方によって決まる

成功者は、なぜ成功したのでしょうか？

今手にしている結果は、紛れもなく自分の思考の積み重ねです。成功者は、成功の原理原則に沿った思考を実践してきたのです。その成功者のマインドからズレてしまうと、ズレた結果を手に入れてしまうのは当然のこと。

成功者は共通して前向きな心構えを備えているのです。

私たちは思考をコントロールすることが可能です。世の中には、思考は外部環境によってコントロールされていると思い込んでしまっている人もいますが、捉え方を変えることは大いに可能です。

思考が変わることで、抱く感情が変わります。その結果、行動が変わります。

例えば、成功の心理法則の一つに、「信念の法則」というものがあります。「心から熱意を持って信じれば、それは現実になる」というものです。私たちは物事を色眼鏡で見ます。ある特定の人のことを、かっこよくて仕事ができる人と心底思っていれば、実際そうなっていくのです。

プロゴルファーのタイガー・ウッズは、競争相手の選手にも「入れ！」と念じるそうです。相手が外してくれた方が勝てるわけですが、潜在意識は自分と相手を区別しません。そこでウッズは、他人にも同じように念じていたのです。

だから、一流の成功者は他人の足を引っ張るだとか、妬みや周囲を下げるような念は送りません。むしろ心から応援するのです。

他にも、「期待の法則」というものがあります。これは「期待を持って接すればそれは現実になる」というものです。

親が子に対して、もしくは妻が夫に対してどんな期待をしているでしょうか。

「うちの子はできが悪いから！」と言い聞かせているならば、それが期待の法則として働き、本当にできの悪い子として映ってしまうでしょう。また、「夫はいつも手伝ってくれない」と文句を言い続けていると、妻にとってはずっと助けてくれない頼りない夫、という認識でいることになるでしょう。

さて、あなたは自分に対してどのような期待をしていますか？

「自分はすばらしい！」と期待していれば実際にそうなるでしょう。逆に、「自分はダメな人間だ…」と思っていたとしたら、望まずして実際にそうなってしまいます。

騙されたと思って、朝家を出る前に「今日も必ず絶好調な一日になる！」と20回言ってから外出してみて下さい。本当に絶好調な一日になります。というのは、信念の法則と期待の法則が働くからです。

要は、手にする結果は外部環境が作っているのではありません。すべて自分の心構えが原因なのです。

成功者は逆被害妄想家

「私には学歴がないから成功できない」という風に、学歴が成功には必要だと思い込んでしまっている人がまだまだたくさんいるようです。しかし、これは、心構えが後ろ向きなだけです。

逆に考えると、社会人経験を長く積んでいるという風に考えられるじゃないですか。

社会に出たことがない社会の先生や、経営したことがない経営学の先生、また経済的自由を実現していない経済学の先生から、使えない机上の空論の知識のみを4年間かき集めて遊び呆けてきた人に比べれば、社会に早く出て経験を積んできた人の方が、大学卒や大学院卒の人に比べたら実践のスキルに長けていることだってあります。

実際、学歴がなくてもビジネスでの成功者はたくさんいます。経営の神様である松下幸之助さんは小学校4年生中退です。丁稚奉公で社会に出て、ビジネスの現場で実践を積み上げてきたのです。また、本田宗一郎さんの学歴は中卒。その他、ウォルト・ディズニーとフォードも中卒です。

要は、いかなる状態であってもすべては心構えで決まるということです。どんなことでも前向きに捉えることができます。

お金を失った→また稼げばいい、稼ぐスキルを高めるチャンスだ

離婚した→もっと素敵なふさわしいパートナーと出逢える

アポイントをドタキャンされた→急遽、休みができた！ ラッキー！

成功者は、騙されやすい人です。つまり、自分で自分を騙すことがうまいのです。そして、すべての出来事に対して「自分は応援されている」「自分をよりよくするための出来事だ」とプラスに捉えられる人のことを、**逆被害妄想家**と呼んでいます。

成功者は障害、困難、コンプレックスを宝に変える

「人生にずっといいことばかりが起きてくれたらいいのに…」と思ったことがあるかと思いますが、人生には障害、困難がつきものです。ここでも逆被害妄想家になりましょう。

一般的に私たちが障害、困難だと思うことは、人間が主観的に「悪いこと」と決めつけているだけであり、本当は物事に善悪などありません。成功者は、いかなる出来事も前向きに捉え、チャンスにしてしまうのです。

例えば、競争社会に反対の人もいますが、別の考え方をすると、競争がなければ国や産業、業界は発展しません。

なぜ、稲盛和夫さんはＪＡＬを救済したかご存知でしょうか？

ＪＡＬが潰れてしまうと、航空業界がＡＮＡの独占状態になることで競争がなくなり、

日本にとってよくないだろうと考えたからです。

ビニールハウスで育った植物は弱く、日本固有の生物も弱い傾向があります。外来種など厳しい環境で育った生物はちょっとやそっとでは滅びません。それと同様に、人間もある程度の逆境や困難を乗り越える経験を踏んでおくことが大切なのです。

私は、人生はゲームだと思っています。目に見えている結果なんてバーチャルな世界なので、何も怖がらなくていいのです。死ぬこと以外かすり傷、いや、死ぬこともかすり傷と思えたら無敵状態です。どうせ、何も持たずに生まれてきて、何も持たずにいずれは死んでいくのですから。

実際、逆境や困難な局面にあっても、喜ぶのか、悲しむのか、反応の仕方はあなた次第。乗り越えられる課題しか私たちには降ってきませんので、この世で起こる出来事は新しい可能性を切り開く入り口のようなものです。

すべてをリセットできるなら、あえてまた同じ選択をするだろうか？

夢を思い描く際に、過去の延長線上で未来を描いてしまう人がいます。しかし、多くの場合、過去の経験は望む未来を実現する際の足かせになってしまいます。

第1章でも、「成功者の目標設定と失敗者の目標設定は違う」ということをお伝えしました。

例えば、「私は学校で○○を学んできたから」『私は○○の仕事をしてきたから』『私はずっと○○ちゃんと一緒だったから」「私はずっとこの会社に勤めてきたから」などの、過去の出来事に縛られるばかりで、自分の望む未来に進もうにも進めない状態になってしまっていませんか？

さらに、第1章にて「成功者は過去を基準にするのではなく、なりたい将来から逆算した今を生きる」ともお伝えしました。

もし、人生をリセットしたとして、それでも今手にしているものをあえてまた選ぶのか？
つまり、今の仕事、今のパートナー、今の環境をあえてまた選ぶのか？　ということです。イエスであればそのまま続行で、ノーであれば今すぐやめる。これを「ゼロベース思考」と言います。**ゼロベース思考を実践することで、本当に望むことが見えてくる**のです。

例えば、「好きなことで月１００万円稼ぐこと」が目標なのであれば、今までの好きだったことを引っ張り出してくるより、まずは月１００万円稼げる仕事をやってみて、とことん挑戦していく中で自然と好きになってしまうこともあり、もし、好きになれなかったら、その稼いだお金と自由な時間で好きなことをやればいいだけで、その方がよっぽど早くに目標を達成できるのです。

そうは言っても、なかなか過去をすっぱり断ち切ることは簡単ではなく、過去を引きずって大きな荷物を背負いながら人生を歩んでいる人が数多くいます。

「今までもやり続けてきたから」という言い訳が定番です。

しかし、手放すことができない人は、手に入れることもできません。

ビジネスだけでなく、パートナーについても同様で、長年一緒にい続けたからというのは今後も一緒にい続ける理由にはなりません。人生のあらゆる場面において、明確な判断を下すためにも現在と過去を切り離して考える力が求められます。

ここで、20世紀最大の経営者と言われている、ジャック・ウェルチの話をしましょう。

彼の、ナンバー1・ナンバー2戦略は有名な話で、市場でナンバー1とナンバー2の事業だけで勝負するために、その他の事業をシェア1位の会社に売却しました。

これによってGEは急成長を遂げたわけですが、考えて頂きたいことがあります。

なぜ、ジャック・ウェルチはこの戦略を実施したのでしょうか?

一般的には、ジャック・ウェルチは、自社の利益を優先して儲けに走ったと言われています。シェアの高い事業に特化することで売上が上がりやすいことは間違いありません。

ですが、本当の理由はそうではないのです。

この時、ジャック・ウェルチにコンサルティングをしたのは、かの有名なピーター・ドラッガーでした。

ドラッガーは、ジャック・ウェルチにこう尋ねました。

「どの事業がワクワクしているの？」

すると、「1位、2位の事業はとてもワクワクしています」とジャック・ウェルチ。

「その他の事業を今までやっていなかったとしても、今後もやろうと思うか？」とピーター・ドラッガー。

この答えは、NOでした。そこで、ピーター・ドラッガーは続けました。**「ならば、そんなワクワクしていない事業など、お客様に失礼ではないか！」**

この判断が、ジェック・ウェルチの決断を固めたのでした。確かに、私たちは仕事を楽しんでいない人から商品を買いたいとは思いません。その他の事業をこのまま続けてもお客様への失礼に値するだけです。

私たちも、このゼロベース思考を実践することで、必要なものや必要な人のみが手元に残り、身軽で幸せな人生を歩むことができます。あらゆる人生の局面においても、次の質問をするのです。

この質問に対する答えがイエスならば、正しい選択であり、ノーならば今すぐやめるべきなのです。**「すべてをリセットできるなら、あえてまた同じ選択をするだろうか？」**

成功者は群れない。群れるのは敗北者だけ

友達100人できるかな！　と、小学生の頃に教えてもらったことはありませんか？

友達の数は多ければ多いほどいいと教えられてきた人も多いかとは思いますが、これはまったくもって的外れなことだと思っています。

というのも、日頃長時間過ごす人たちの平均が、すべてにおいて今の自分になると言われているからです。

「類友の法則」とも言われるように、人間とは気がつけば、似たような収入、似たような考え方、似たような環境、似たようなレベルの人と長時間を共に過ごしているものです。

周囲の人が自分のなりたい理想の姿を実現させている人ばかりであれば、自分もいい影響を受け、引き上げられていくのですが、そうでない場合は、足を引っ張られるだけの雑

音や障害になるのがオチです。

起業して大成功したいと思っているのに、周囲を見渡せば会社員だらけだったら、そもそも夢や目標を言ったらバカにされ、会社を辞めると言ったら猛反対されることだってありますから。当然、あなたに起業のアドバイスをできる人はほぼいないでしょう。

成功者は、共に貴重な時間を過ごす相手をかなりシビアに選択します。誰と過ごすかでよくも悪くも大きく影響を受けるからです。もっと言うと、自分の望む結果を手にしている人や、自分の年収を上回る人としかつるまないように意識します。

さらに、成功者は一匹狼です。**「人生=自己責任」**という考えなので、すべてを自分で判断し、自分で舵取りをしていくのです。

一方、敗北者ほど群れたがる傾向にあります。みんなと一緒である方が安心する人もいれば、自分で責任をとりたくないために、周囲に合わせることを選択する人もいます。起業する際に、相乗効果を生まない仲間同士で組みたがる人たちも同様です。

そういう人ほど、会社終わりの飲み会で愚痴、不平、不満を並べ立てます。言い訳や先延ばし、人のせいにすることが習慣になっているため、本当に成功したいのであれば、そのような敗北者からは距離を置く必要があります。

成功者は群れない。群れるのは敗北者だけ。

人生で一番のギャンブルは、結婚

成功者は、人生を共に歩むパートナーを選ぶ基準も明確です。あなたは、生涯のパートナーに何を求めますか?

人によってパートナーとの関係性は様々で、相手に求める基準が大きく異なります。

この本を読まれている方の中でも、パートナーと一緒にビジネスをしている人もいれば、奥さんは内助の功に徹しておられる方もいらっしゃるでしょうし、お互いが会社員として別々の企業に勤めているケースもあります。どんな形であっても、共に二人三脚で歩んでいくパートナーと相乗効果を生み出し合える関係になっていることが理想です。やはり人生の幸せを考えたときに、家庭の平和が占める比重は大きいものだからです。

自分にとってふさわしいパートナーを選ぶ際には、ベストな判断で選びたいと大半の方がお望みかと思います。

起業家のケースでお話をすると、よく、社長は孤独だと言われます。中には、パートナーは仕事の邪魔になる、早く家に帰らないと妻が文句を言う、妻は安定を求めるために、挑戦したくても足かせになる、と考える人もいます。

仮にそのような状態だったとしても、仕事とプライベートとを切り分けることが可能な会社員の方の場合は、ある程度うまくやっていけるかもしれません。

しかし、「ライフ・イズ・ビジネス」と言えるほどに使命感と情熱を注ぐ起業家の場合は、パートナーに求める基準がやや変わってきます。夫婦で相乗効果を生み出していけるのか？　１＋１＝２ではなく、１＋１＝１００になるのか？　共に同じ未来を見つめていける相手なのか？　その点が満たされない場合は、パートナーとしてはふさわしくないと判断するでしょう。

例えば、ご主人がまだサラリーマンだった頃に結婚し、ご主人が起業後に離婚するご夫婦のお話をよく聞きます。もしくは、どちらかが新しいことに挑戦しようとすると「そんなのやめておけ」と反対される、なんてこともあるでしょう。

どんなケースにせよ、パートナーとの関係性の中で最も重要なことは、**描く未来像が共に同じであるということ**です。

共に同じ未来を見つめ、素晴らしいハーモニーを生み出すことのできるパートナーがいれば、お互いが同志として存在でき、そばにいてくれるだけで安心できる存在となりえます。

さらには、共にビジネスをする場合は、仕事とプライベートの線引きがなく、いつも大好きなビジネスの話で意見交換ができますし、強い絆が生まれることでしょう。

また、必ずではないですが、いい関係性を築けているご夫婦において、パートナーとはお互いに才能が対極である場合が多く見受けられます。相手の長所を引き出し合い、短所を補い合う。お互いに着眼点も異なるために、盲点が少なくなり「夫婦」という強固なユニットを形成するようなものです。

「人生で一番のギャンブルは、結婚」とも言われています。たしかに…。でも、**賢いギャンブルをすれば、リターンは想像を超える**ものとなるでしょう。

建設的批判を成功に活かす

新しいことに取り組み始めると、親や上司、友人、パートナーなど、周囲からの批判や反対はつきものです。あなたは自分とは違う意見を持つ人に対して、どのように接していますか？

周囲にいる人たちの考えが、必ずしも自分と同じ考えとは限りません。「心配しているんだよ」と言って、本当はあなたに変わってほしくないために、悲観的意見を言ったり、時には妨害してくる人もいるのです。

それによって悩んだり落ち込んだりすることで、せっかく目標に向かって歩もうとしているときに行動をやめてしまい、チャンスを無駄にしてしまう人もいます。

しかし、**建設的な批判であれば大いに喜ぶべき**なのです。

というのは、物事は、あらゆる角度から考えて初めて真理が見えるようになるからです。

もしかすると、自分の視野が狭くなっているだけかもしれないですし、反対意見をもらうということは、別の角度から物事を考えるきっかけを与えてもらった、と捉えることができるので喜ぶべきことなのです。

世の中には、何も考えずに周囲に流されるがままに判断する人がたくさんいます。こういう人ほど、反対されたときに大きく動揺します。そのような人は、相手の意見を鵜呑みにしすぎているのです。

結果として反対者の意見を採用するかは別として、いずれにせよ自分の視野を広げることができるということです。もしかしたら、反対者の意見を活かせる場合もあるので、むやみやたらに過敏に反応しなくてもいいのです。

しかし、論点を得ていないような支離滅裂な反対意見の場合は別です。例えば、ただ足を引っ張るだけの意見や、個人のエゴによる意見などです。

この場合は、同じ土俵に立っていては事態が悪化するだけです。雑音として聞き流すのが賢い選択でしょう。

異なる意見を持つ人たちをうまく活用する。支離滅裂な反対意見は無視。建設的批判であれば、喜ぶ。これが成功者です。

親や妻には説得よりも、結果を見せろ！

「親や妻に起業を反対された、どうやったら説得できるかな…」と考える人がいます。

身近な人ほど説得が難しいものです。

これは投げやりな思考でもなんでもなく、そういうものなのです。親の場合は、30歳ほど年が離れていて価値観も異なり、会社員の親ならなおさらです。親は親の価値観や常識を元に意見を言っているだけで、どっちが悪いなどという問題ではありません。

選択する方法はただ一つです。**ビジネスで結果を見せる**しかありません。起業したことがない人にとっては、起業とはジャングルに飛び込むようなもので危険しかないと感じてしまうのです。要は、ただ心配なだけなので、安心させてあげればいいのです。

何か新しいことに挑戦しようとする際に、足を引っ張る存在は、意外にも身近な人です。

親や妻の言う通りにして、可能性を無駄にしてしまう人もいます。

私も過去に起業に失敗して、親や兄弟、周囲からバカにされた時期がありました。「だから会社員を辞めるなと言っただろ！」と言われました。しかし、今ではみんな心から応援してくれています。それは私が圧倒的な結果を見せたからです。

親や妻に限らず、結果を見せれば納得してもらえるものなのです。**口で自分の素晴らしさについて語る前に、結果として見せるべき**なのです。

空気なんか読んでいるヒマがない

私は必要以上に空気を読んだりはしません。常識から外れることが怖いという人がいますが、空気を読みすぎるあまり、自分の考えや意見を押し殺し、自分の命を無駄遣いしている方がよっぽど怖い話です。

また、私は常識を鵜呑みにしないようにしています。というのは、常識というものは、権力者にとって都合のいいように作られていることが多いので、そのようなルールに従って生きることで、周囲からは「いい人だね」と評価を受けたとしても、肝心な自分が我慢を重ねている場合だってあるからです。

そして、一般的に常識の枠内にはチャンスがありません。みんながいいと思うことほど、実際はよくないことが多いのです。

さらに、常識と言われるものはだいたい30年程度で変わってしまうので、いいか悪いかは別として、当てにできないものです。なので、よくある話として、30歳ほど年の離れた親が勧める仕事に就いても、子どもとしては満足しない結果になるのはごく自然なことです。

他にも、「正社員がいい」という常識を鵜呑みにしてしまい、正社員としての就職にこだわり過ぎるあまりに、安月給で振り回される生活を送る人や、「手に職をつけておいた方がいい」という洗脳を受け、ただの作業員になってしまう人や、「資格をとっておくといい」という指導を受け、ただの資格コレクターになる人だっています。

成功者は心得ています。**怪しいとか、怖いと思われていることの中にチャンスがある、**ということを。

実は逆張りで生きる方が成功しやすい

私はこれまでの人生を、**とことん逆張り**で生きてきました。

みんなが学校の勉強をがんばって学歴を積み上げようとしている中で、早く社会に出られる方法を選択しました。資格を持っておく方がいいと言われている中で、無資格で生きてきました。周りがビジネスの見込み客を交流会で勧誘している中で、ひとりネットを使って集客しました。親は「会社員を辞めるな」と言いましたが、大手重工業の会社を4年で辞めました。

また、自分のことを「天才」と思わず、「謙虚に生きなさい」と言われたことがある人は多いのではないでしょうか？　そして、一般的には「賢くなりなさい」と言われます。しかし、このまま順張りに生きるべきなのでしょうか？

実は、私は「賢くなること」においても逆張りで生きてきました。

頭がよすぎる人は、考えすぎます。しかし、人間はたいてい、考えすぎるとネガティブになります。何かを始めようと思っても、考えすぎて、十中八九やらないという決断になります。頭を使う割に、本当に考えるべき重要な部分について考えられていなければ本末転倒です。

やや失礼な言い方になりますが、私の経験上、**「じっくり考えて答えを出せるほど、自分の頭はよくない」と思ってバカになった方が人生はスムーズに運びます。**

だから、成功したければ、もっとバカになった方がいいのです。

そもそもバカにならないと、好きなことにどっぷり浸かれないのです。かっこよく見せようと思うと、プライドが邪魔をして、結局周囲に流されてしまいます。

ヘンリー・フォードは、今では大成功者です。しかし、誰もが「馬車に代わるものはない」と思っていた時から自動車が当たり前のように普及する世界を思い描き、周囲からとてもバカにされていたそうです。

もし、フォードが周囲の顔色をうかがって夢の実現を諦めていたら、私たちは今頃どんな現実を手にしたでしょうか？

バカでいればいるほど、本当の意味で賢い人間になれるのです。

準備をする暇があったら実践をしよう

起業準備として、まずは会社員経験を積みたがる人がいます。しかし、結論から言うと、会社員経験は起業にまったく活きないケースがほとんどです。もっと言うと、時間の無駄になるだけです。

会社員経験を長く続ければ続けるほど、起業はしにくくなります。頭は固くなり、安定志向に陥るからです。

仮に120％用意が整ってから起業したところで、初めからうまくいくなんてことはほとんどなく、改善を繰り返していくことには変わりないのです。であれば、時間を最優先にして、60％程度の準備でまず取りかかってしまう方が賢いのです。

大事なのは、準備ではなく、実践です。頭で考えて結果を出すのではなく、動いてみて結果を肌で感じるべきです。

私はよく、「いい起業家＝悪い会社員」と言っています。ビジネスを最優先させるために、有休消化は当然です。足りなくなれば、欠勤を使えばいいのです。という私は、残業を絶対せずにやるべきことを時間内で終えていたので、ある意味ではかなり生産性の高い、いい会社員だったかもしれません（笑）。

副業がバレて、クビになるのが怖いという人がいます。このように言っている人ほど、何も実践していないのです。そりゃあ、安定収入が一気になくなるのですから、怖くて当然でしょう。

もし、土日だけで安定して月１００万円稼げていれば、会社員を辞めることが怖いですか？

お化け屋敷をゆーっくり歩いて進むと怖いですが、一気に駆け抜けるとそうでもありません。

「仮にクビになったとしても大丈夫」と思えるように早いところ売上を上げておけばいいのです。まだまだ副業禁止の会社が大半ですが、時代的にも、副業が当然になってきていますし、会社はあなたの人生を保証してくれません。

周りが見えなくなるのはいいこと

今から10秒間で、周囲の赤いものを10個探して下さい。

…ハイ。

今、赤いものばかりに集中してもらいました。同時に、緑のものを見つけられましたか？
きっと、意識していなかったと思います。

赤いものだけに意識を向けると、赤いものばかりが目に入ります。他のものは視界から除外されます。要するに、**脳は、見たいものを見る**のです。ということは、盲点が生まれるということになりますよね。

学校で好きな女の子ができたら、その子だけをずっと見て、授業中も先生のことが目に入らなくなります。逆の例としては、車で通い慣れている道であっても、自転車や徒歩で通ってみると、「こんなところにレストランがあったのか！」と、今まで目に入らなかったものに気づき、新しい発見をすることがあります。

人生の進展速度が速い人は、ある意味周囲が見えていません。これをいい様に使えばいいのです。

明確な目標があると、人生の速度が上がります。目標に関わること以外が見えなくなり、もしかしたら今まで見えていたものが見えなくなっているのかもしれません。だからこそ、**集中力が高まり、達成の速度も格段に高まります。**

これを恐怖と捉える人もいます。何も見えなくなることが怖いと感じるのでしょう。しかし、怖いと感じるのは暗いトンネルをゆっくり走りすぎているだけの可能性もあります。

ギアを変えて、スピードアップすることが突破口になることも多いのです。

綺麗に成功しようと思うな

あなたはこれまで学校の先生や親や上司から「リスクをとらないように」と教えられてきたかもしれません。しかし、この思考だとリターンもありません。また、学びや成長の機会すらも失ってしまうことになります。

考え方によっては、お風呂はリスクです。家庭内事故で多いのは、お風呂の事故です。また、車に乗るのはリスクです。事故に遭うかもしれないので。

という風に考えていると、私たちはすでにリスクに囲まれて生きていることになりますよね（笑）。要は、何でもリスクになりえるのです。考え出したらキリがありません。

「起業に失敗したらどうしよう」「結婚相手を間違ったらどうしよう」「破産したらどうしよう」…これらの心配は、果たしてどこまで意味があるでしょうか？

リスクばかりを考えていると、何も行動できないまま後悔して死ぬことになりますが、一番の失敗は、何も行動しないことです。賢く生きようとしているつもりが、愚か者になってしまいます。

多くの成功者は、失敗から多くを学びます。**失敗は成功の母と言われるように、失敗することでよりよい方法を見つけるきっかけとなる**のです。

最新の自動掃除機をイメージして下さい。動き始めたばかりは家具や壁にぶつかります。しかし、ぶつかりながらも軌道修正を繰り返し、しばらくすると家具の配置を記憶し、ほとんどぶつかることなくスムーズに動くことができるようになります。もし、一度壁にぶつかっただけで停止してしまったら、自動掃除機として使い物になりませんよね。

人生もこれと同じです。綺麗に成功しようと思うことで行動ができず、失敗の機会、いや、成功の機会を失っているのは非常にもったいないと思いませんか?

オーナー感覚で生きる

オーナー感覚とサラリーマン感覚があります。

小学校、中学校、高校、大学に普通に通っていると、サラリーマン感覚になります。これを勉強しなさい、この宿題をしてきなさい、ああしなさい、こうしなさい、と親や先生から与えられたことだけをやっていればよかったのです。こんな状態を10年以上過ごしていると、とりあえず舗装されたアスファルトを歩けばいいと勘違いをしてしまいます。

オーナー感覚。これは言い換えると、**自分のビジネスを中心に、人生を構築することができるのか？** ということになります。

サラリーマン感覚のままだと、「誰かが助けてくれる」という風に他人頼みで生きたり、「時代のせいだ、環境のせいだ」と、自分があたかも何かの被害者かのように考えてしまうことがあるのです。これでは、自分の人生のコントロール権は外部にあり、自ら舵を取ることが難しいのはおわかり頂けるかと思います。

なので、サラリーマン感覚の人ほど、親の保護やサポートを平気で受け入れてしまいます。もちろん、一時的なことであれば例外ですが、ずっと実家に住んでいる、人のせいにする、経済的に親に頼り続ける、会社の愚痴を言うのに固定給をもらい続ける、これはすべてサラリーマン感覚です。言葉を変えると、依存人間のままということです。

自分の管理ができないのに、なぜ自分のビジネスの管理ができるのでしょうか？

では、オーナー感覚になるにはどうしたらいいのでしょうか？　それは、**すべてが自己責任だと考え、言い訳や他人の非難、自己正当化とは絶縁し、すべてを自分で決断すること**です。そして、起業する場合は、最終的には固定給をも断捨離することになるのです。

フルコミッションセールスの業界の中でトップ1％に入れる人は、間違いなくオーナー感覚です。サラリーマン感覚の人は絶対に生き残れないため、2年で8割が消えていく厳しい世界です。

トップ1%に入れる人の思考は、ビジネスを中心に自分の人生を構築している人です。
しかし、サラリーマン感覚の人は、与えてもらうことを待っているままで、たいして稼げない人です。

本当に自分の望む結果を手にして、経済的、時間的、精神的自由を手に入れたいのなら、すぐにでもオーナー感覚になるべきです。

どの分野で起業すればいいのか?

何で起業していけばいいのか悩んでいる人は、以下のものがすべて網羅されていることを確認して下さい。

・究極の夢につながる分野
・興味があり、好きな分野
・才能が活かせる得意な分野

・自身の経験が活かせる分野
・ライバルがいない分野
・世の中のニーズがある分野

一個でも欠けていると、起業が厳しいのが現状です。

まず、好きなことに取り組んでいると生産性は高まります。さらに、得意なことだとパフォーマンスが高くなり、結果を出しやすくなります。

また、提供するサービスの価値が最も高くなるように、ライバルがいない分野に参入するべきです。大手企業がやればいいというようなサービスであれば、個人が起業しても負けてしまいます。

最後に、ひとりよがりのビジネスでは売上につながりません。顧客のニーズが大前提です。好きなことで起業したものの、誰も求めていないビジネスなのであれば、好きなことも好きでなくなってしまいます。

この中でも後回しにしても大丈夫な項目は、好きな分野です。結局は好きなことで起業するのがベストなのですが、仮に今までの経験の中で好きなことがなくても、得意な分野、ライバルがいない分野、ニーズがある分野が網羅されていれば、とことん打ち込む中で、そのビジネスを好きになる可能性が大いにあります。

また、得意なことについても、まだやったことがないことに挑戦することで思わぬ才能が開花する可能性もあります。ここでも大量行動が鍵です。

私はGOSPAのプログラムを受講されている方に指導をする際に、まず才能診断をします。その人が、**息を吸って吐くかの如く簡単にできることは何なのかを知った上で、ビジネスの戦略を構築する**のです。本人にとって才能とは当たり前にようにできてしまうことだったりするので、正確に自分の才能を理解できていない人もおられます。そんな人こそチャンスです。

例えば、それによって今まで投資経験ゼロでも、試しにやってみると大きな収益を手にする人もいました。もしくは、フルコミッションセールス未経験者であっても、セールスで初月から月100万円を稼げるようになった人もいました。

生まれ持った才能を全開に発揮できる戦略でビジネスや人生の方向性を決めることは重要です。

休息をとり、生産性を高める

日本では、まだまだ休むことに否定的な文化が残っているようです。休む＝怠けていると思われがちですが、**生産性を上げるためには、強制的に休息をとることが大切**です。

ストレスや疲れを抱えながら仕事をしてもいい仕事ができるわけがありません。注意力も散漫になり、パフォーマンスが下がるだけです。

私は、あえて週1日強制的に仕事をしない日を作ります。特に私のようなクリエイティブな思考回路の人間は、何もしない時間がとても大事なのです。

その時間は、何にも縛られない空間で瞑想のように思考を無にするか、もしくは、ジムに行き、体を鍛え、リフレッシュするのです。これをすることで、一度思考がオールリセットされ、新しいアイデアが湧き出ることもあれば、仕事のパフォーマンスが格段に高まる効果もあるのです。

実際、軍隊でも休息の重要性がうかがえます。

太平洋戦争の最中、日本海軍の航空機の搭乗員は、一直制であとがなく、一本勝負の短期戦を強いられてきました。一方、アメリカ軍は、第一グループが艦上勤務、第二グループが基地で訓練、第三グループが休暇という三直制を採用していたのです。

ガダルカナル戦では、アメリカの海兵隊員が戦争のあい間にテニスをするのを見て、日本軍は驚いたと言われています。彼らの戦い方には、何か余裕があったのです。

これに対し、日本軍には悲壮感が強く、余裕や遊びの精神が残っていませんでした。これらの**余裕のなさが重大な局面で、積極的行動を妨げた**のかもしれないと言われています。

この話からもわかるように、長期持久戦と思っているのか、短期決戦と思っているのかで大きな違いが表れます。

私がニューヨーク出張に行っていた頃、納期が迫った仕事が残っていても、アメリカ人の社員は「今日は家族とディナーなんだ、だから先に帰るよ」と言い、まったく悪びれる様子もなく笑顔で帰っていたのです（笑）。

日本であれば、大半の場合、納期に間に合わせるために残業をして、家庭やプライベートの時間を犠牲にしてでもギリギリまで仕事をすることの方が多いでしょう。しかし、短期的に詰め込みすぎると、途中で息切れしてしまうものです。

どちらの働き方がいいか悪いかは、状況によっても異なるかと思いますが、人生は間違いなく長期持久戦です。短期決戦で生きていると、目先のことしか見えていないために、最終的には好ましくない結果を手にすることになります。

予定表には、まずは旅行や、リフレッシュのための休みの予定から書き込みましょう。

さて、本章では成功者のマインドについてお伝えしましたが、いかがでしたでしょうか。冒頭でも述べましたが、マインドが9割です。これは望む結果を手にするための基礎体力になる部分です。あなたにとって、自分史上最高の人生を実現するためにも、ぜひ積極的に実践して頂ければと思います。

いよいよ次章にて、GOSPA目標設定の具体的な実践方法についてお伝えします。私を含め、数多くのクライアントが成果を出してきた再現性のある方法ですので、ぜひマスターして下さい！

第 3 章

GOSPAで目標を設定すれば、すべてはうまくいく

本章では、いよいよ目標達成の実践的な内容をお伝えしていきます。料理にはレシピがあるように、目標達成にも、再現性のあるレシピが必要です。今からお伝えするレシピ通りに実行すれば、精神論に頼ることなく自然と目標を達成できるようになるのです。

その中で大きなポイントになるキーワードがあります。私が立ち上げた会社名でもある「ＧＯＳＰＡ（ゴスパ）」。実は、これは目標達成のプロセスであり、レシピなのです。

ＧＯＳＰＡとは次に並ぶ単語の頭文字です。

Ｇ：ＧＯＡＬ（明確な目標設定をする）
Ｏ：ＯＢＪＥＣＴＩＶＥ（目的を明確化する）
Ｓ：ＳＴＲＡＴＥＧＹ（戦略を考える）
Ｐ：ＰＬＡＮ（行動リストを作成する）
Ａ：ＡＣＴＩＯＮ（すぐに代償の先払いを実行する）

これからこの順番に従って目標設定、ならびに行動計画を作成していきます。

あなたが飛行機に乗るときに、「この飛行機には設計図がなく、飛行機メーカーの作業員がなんとなく作りました」とアナウンスが流れてきたら、すぐさまその飛行機を降りるはずです（笑）。もしくは、設計図がなく、大工さんがノリで作った家を買いたいと思う人がいるでしょうか？

いかなる工業製品にも必ず設計図があります。私は以前ニューヨーク地下鉄の設計をしていましたので、口酸っぱく言われていたことがありました。

「設計段階のミスは現場で取り返しがつかない」

当然ですが、寸法の違う部品を持って来られたら、切ることはできても引き延ばすことはできません。実はこれ、人生と同じなのです。**設計図＝目標設定、行程表＝行動計画**と置き換えられます。

家や飛行機と違って、**人生に設計図がない状態でも不思議と怖いと感じないのですが、これが一番怖い**のです。何十年とがんばって生きてきて、現在手にしている経済、仕事、家庭の結果が「こんなはずじゃなかった！」という人がいたとしても、「こんなはずだった」のです。なぜなら、さきほどの作業員や大工さんと同じ状態なのですから。有名な名言ですが、**「無計画は失敗を計画することだ」**とも言われています。

しかし、GOSPAに従って進めていけば、大丈夫です。では、具体的な作成法を伝授していきましょう！

GOAL（明確な目標設定をする）

まず、第一ステップとして、**明確な目標設定**です。人生のナビゲーションシステムを作動させましょう。車のナビは、目的地を入力する必要があります。そのままだと現在の周囲しか表示されておらず、この道を突き進むとどこに辿り着くのかよくわからないままです。

人生も同じです。一度、ナビに目的地を入力すれば、自動操縦で動いてくれます。「自動で」「ついついやってしまう」状態を作ることに関しては後ほど詳しくご説明するとして、今から目的地を入力する作業に移ります。

では、1年後に、あなたが手に入れたいと思う結果を、「SMRAT（スマート）」を意識して記入して下さい。

SMARTとは次の通りです。

S：（Specific）具体的
M：（Measurable）測定可能
A：（Achievable）達成可能
R：（Realistic）現実的
T：（Timely）期限が明確

例えば、年収1000万円稼ぐ、株式会社を設立して社長になる、都心にオフィスを構える、年間でセミナーを30回開催する、顧客が100名いる、最愛のパートナーと結婚している、本の出版が決まる、会社員を辞めている…等。

このように**語尾を断言形で書く**こともポイントです。「～したい」という願望形だと、やりたいけれどできないという情報として、我々の潜在意識にインストールされてしまいます。

ここで、小さな成功体験を積み重ね、確実に勝ち癖をつけていく威力について思い出してもらいましょう。

過去にチャレンジしたけれど実現できなかった、という負け癖がついていると、どうしても「今までもダメだったからこれからもダメだ」と決めつけてしまいますが、逆に小さな成功体験を積み上げていれば、「今までもできたからこれからもできる」と自然に思えてくるものです。

【S：具体的な目標を書く】【M：測定可能な目標を書く】【A：達成可能な目標を書く】

【R：現実的な目標を書く】

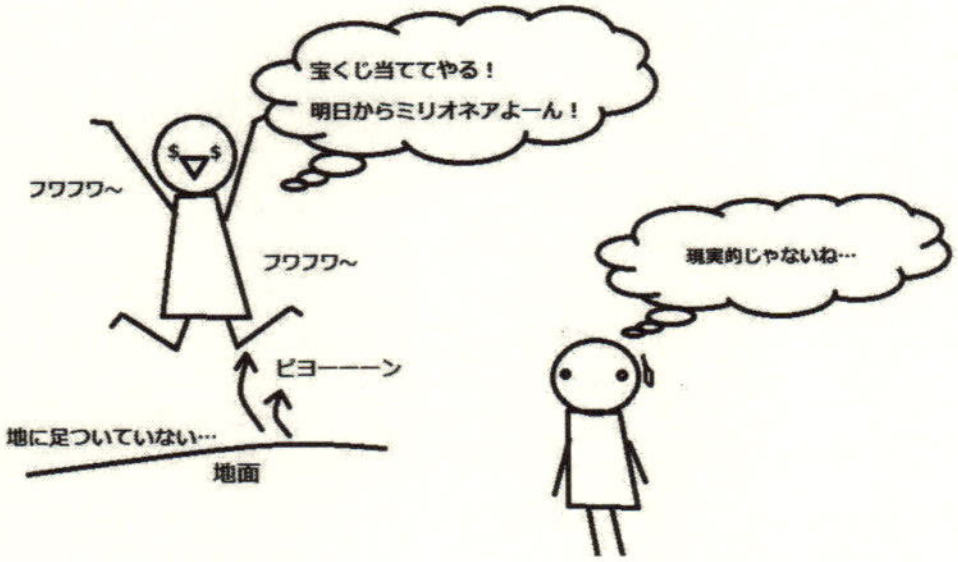

【T：達成期日が明確な目標を書く】

1年後のGOALを書く際のポイントとして、**達成確率80％程度の目標を書き、確実に達成して勝ち癖をつけること**です。

小さいことなんて書きたくないと思う人もいるかもしれませんが、それならば、1年でなく、半年や3ヵ月で達成すればいいだけのことです。

確実に達成して勝ち癖をつけることが大切なので、現状年収400万円なのに、「1年後に年収1億円稼ぐ！」といった、1年以内の目標としては無謀すぎる内容は控えて下さい。

私の場合、目標を設定する際に、「できる」と自然に思い、達成できるイメージしか思い浮かびません。というのは、決して私が凄い人間だからではなく、今までに数多くの小さな成功体験を積み上げてきたため、「今後も達成できるだろう」と自然に思い込む癖がついているのです。

そんな私の最初の目標は何だったのかと言いますと、自分が社長という肩書きの名刺を作成するというところから始まりました。そんな簡単なこと？　と思われるかもしれませんが、侮ってはいけません。

「できた」という勝ち癖をつけたら、自分が「社長」であるというセルフイメージができあがりました。名刺にはそのような効果があります。

続いての目標は、会社員になって安定収入を得ることでした。なぜなら、当時はニートで実家に住んで収入はゼロでしたから（笑）。そして、大手重工業の会社で設計の仕事をすることができました。

でも、私の中では「社長」というセルフイメージだったので、社長なら何か売上を上げなければいけないだろう、ということで、会社員をやりながら土日だけでビジネスを始めました。

毎月セミナーをやり続け、世界的な成功教材を販売しました。もちろん、売上目標も段階を追ってです。

このように「できた」という勝ち癖を積み上げ続けたことで、いつしか営業成績が関西ナンバー1、全国6位を2年連続で継続することができ、その後にGOSPAを立ち上げることになり、今に至るのです。

ロッククライミングと同様に、何回も手をかけ体を引き上げる動きを繰り返していくうちに、気がつけば高い場所に辿り着いているはずです。

数多くの成功体験を積み上げることで、誰もが勝利者のマインドになることができます。

GOALとして、ぜひ、この威力を活用し続けてみて下さい。

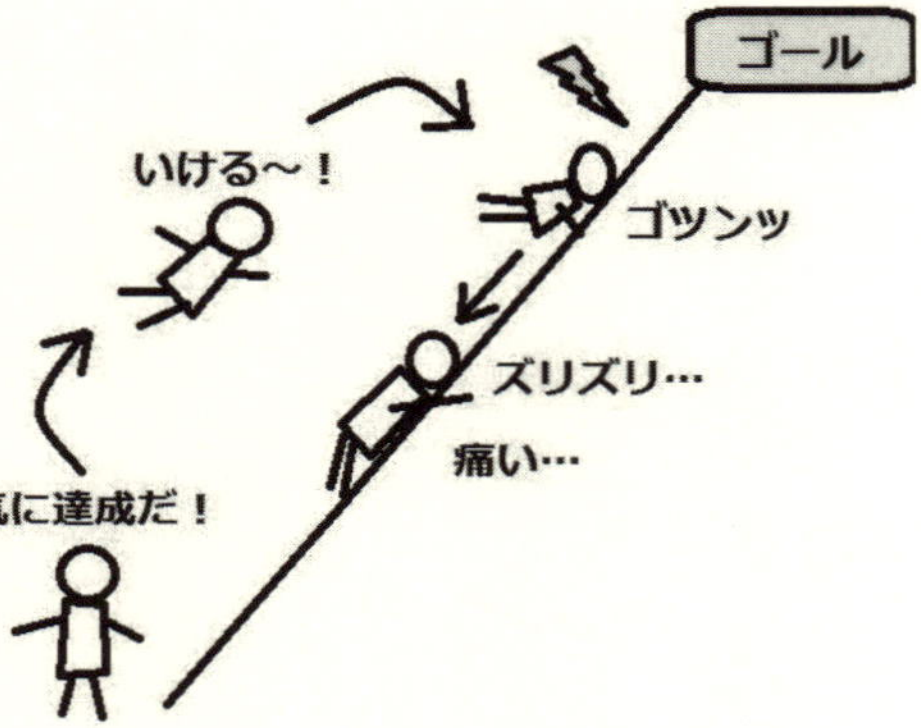

無謀な挑戦ではなく、

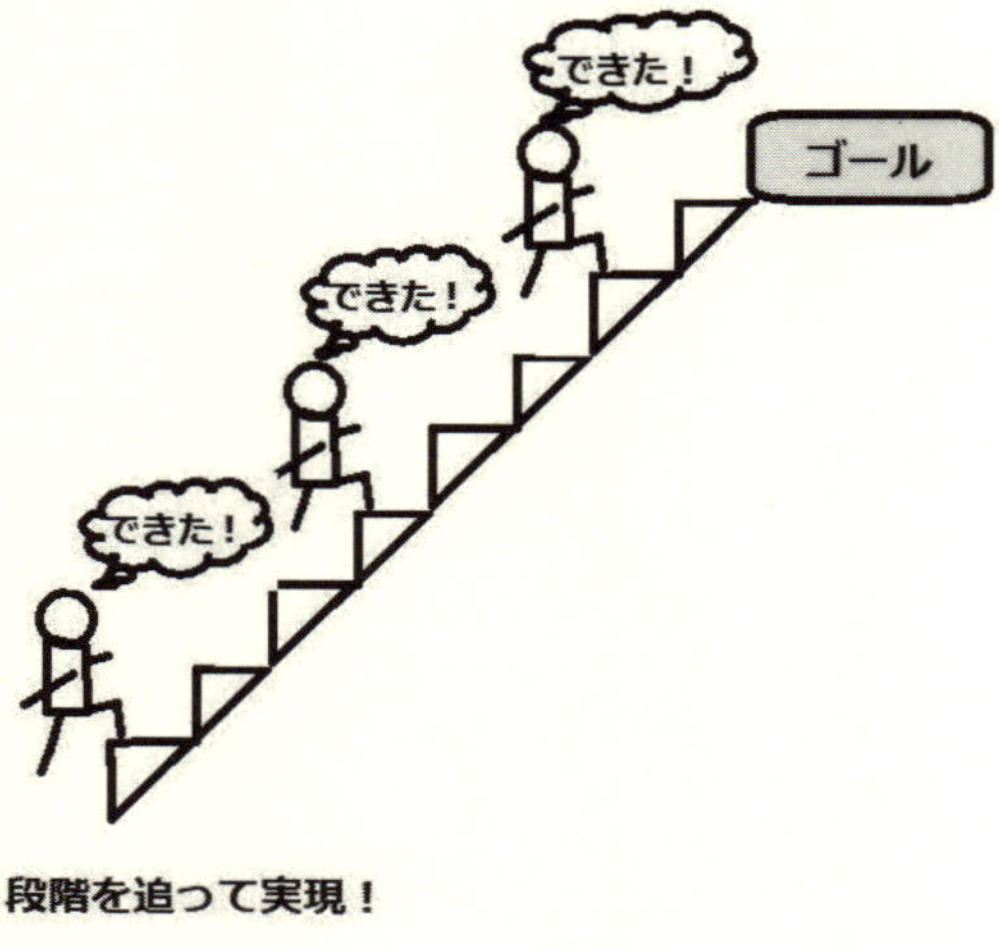

段階を追って実現！

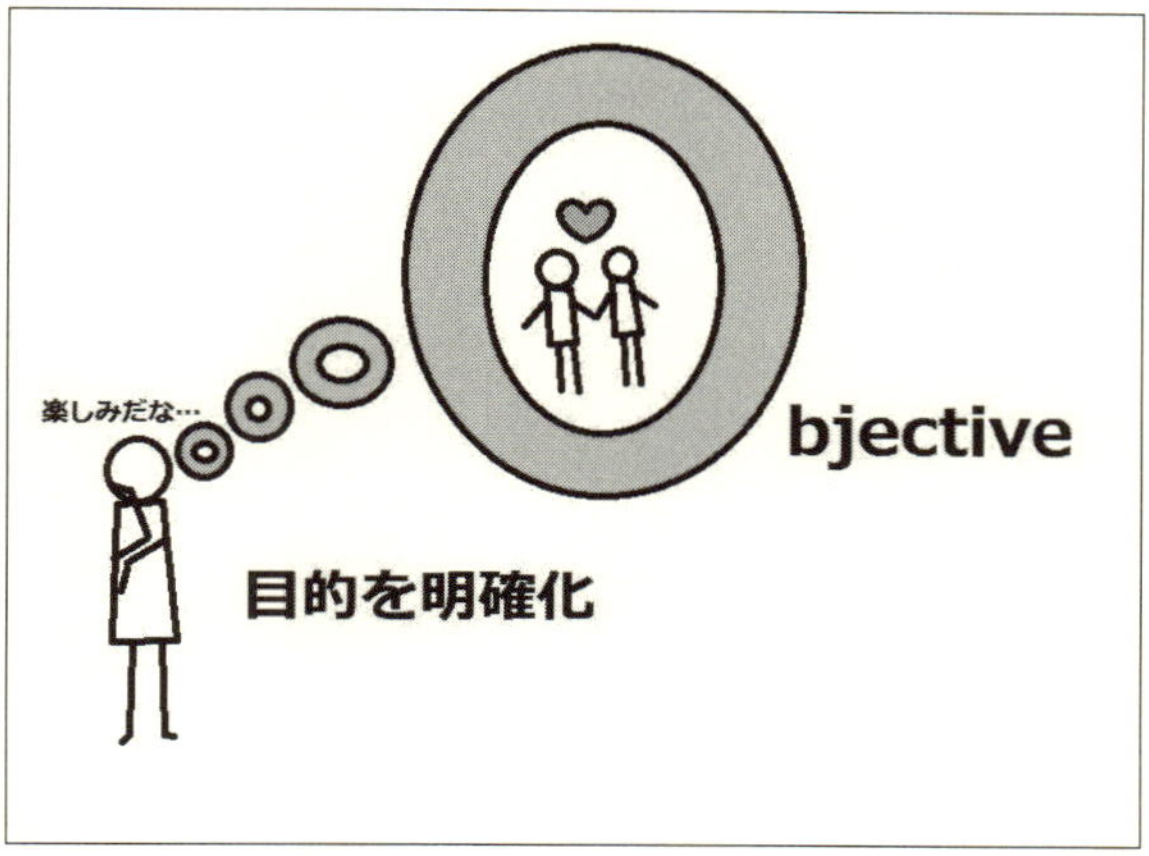

ＯＢＪＥＣＴＩＶＥ（目的を明確化する）

明確な目標設定をしたら、続いてはＯＢＪＥＣＴＩＶＥ（目的を明確化する）です。

なぜ目標を達成したいのかを聞かれて、「なんとなく」「とりあえず」「念のため達成してみよう」という、漠然かつ中途半端なモチベーションなら持続しなくて当然です。

また、「多くの人が、なぜ稼ぎたいのか？」と聞かれると、「時間と経済の自由が手に入るから」と、自分のための目的を挙げることが多いのですが、ここでは違う観点で考えてみましょう。

第1章で3つのモチベーションについてご説明し、使命感のモチベーションが唯一持続可能なモチベーションだとお伝えしました。

そこで、ぜひ、このＯＢＪＥＣＴＩＶＥについても、使命感のモチベーション、つまり、持続可能なパワフルな動機を作っていきましょう！

イメージして下さい。先ほどの目標を達成することでどのような素晴らしい結果が手に入るでしょうか？　達成後の状況やあなたの感情を先取りできるでしょうか？

ここで、もちろん自分が素晴らしい結果を手に入れていることを書いてもらってもいいのですが、これだけだと報酬モチベーションのままで、自分が諦めたら終わりです。

ですので、**自分が目標を達成することで、誰がどう喜び、その人があなたにどのような感謝の言葉をかけてくるだろうか？　という他人を巻き込んだ思考**で書いてみましょう。

目標を達成したとき、親、彼氏、彼女、パートナー、クライアント、友人などの周囲の人は、あなたに何と言ってくるでしょうか？

例えば、先ほどのGOALで、起業して、年収1000万円稼ぐと書いたとします。

OBJECTIVEには、

●クライアント1「○○さん（あなたの名前）に出逢えて本当に人生が変わりました。ありがとうございます！」
●クライアント2「いつもベストなタイミングで心に響くアドバイスをありがとうございます！」
●彼女「頼りになる彼氏がいて、私は世界一の幸せ者だわ！」
●親「こんな立派な息子を生んだなんて、嬉しいわ！」

という風に、喜ばせたい人の名前を具体的に書き、その人の発言を想像して書きます。

これを書くことで、**感謝のエネルギーと使命感のモチベーションが作動する**ことで、簡単に目標を諦めるという状況をなくします。自分のための夢や目標なら、自分が勝手に諦めることも可能ですが、他人を巻き込むことで、力が出てくるものです。というのも、「自分がやらずして誰がやる、自分の助けを待っている人たちのために、自分が動かなければ」という責任感が芽生え、自分が諦めたら済むという表面的な話ではなくなるからです。

実際、**起業家というものは、まだ誰も見ていない景色を世の中の多くの人たちに見せる救世主としての役目があります。**「他人に対し、どのようないい変化を与えるのか」という観点で考えたことがない場合は、ぜひ、イメージしてみることをオススメします。それのよって力強い動機が生まれ、行動しやすくなります。

STRATEGY（戦略を考える）

明確な動機を作れたとはいっても、目標達成に向けて歩んでいく中で、障害・困難はつきものです。

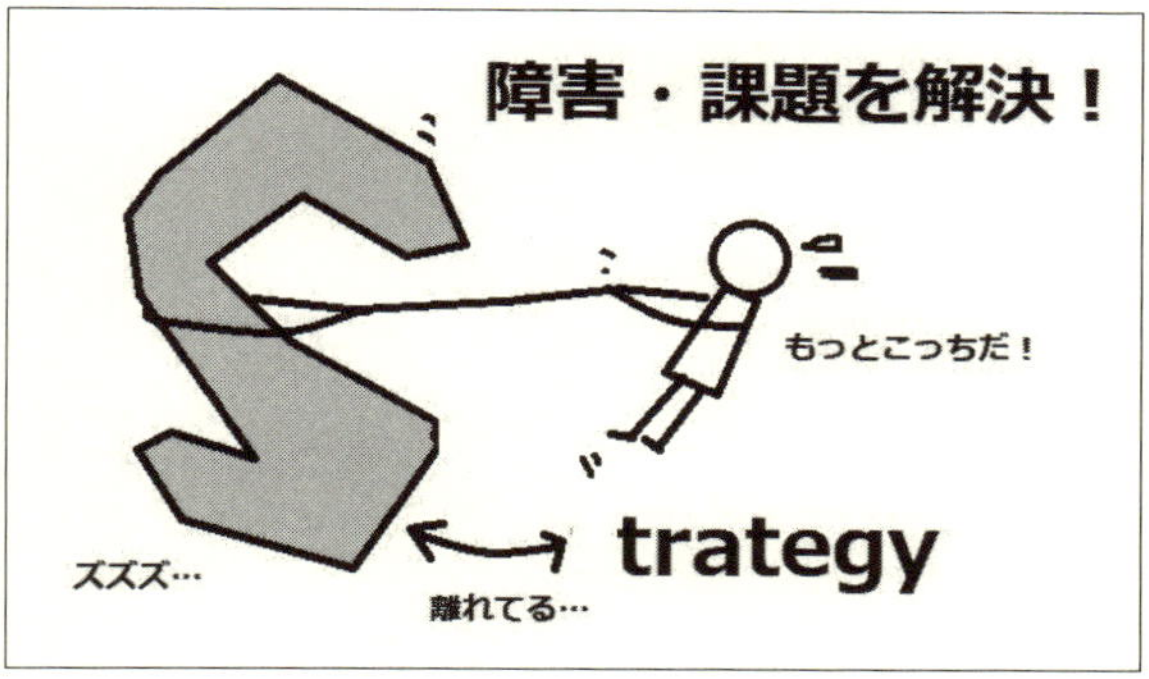

続いて、ＳＴＲＡＴＥＧＹ（戦略を考える）として、あらかじめ予測される障害・困難に対する解決策を明確にすることで、ボトルネックをなくしてしまうという作業に移ります。

例えば、よくある障害・困難としては、起業したいと思いながらも、お金がない、時間がない、やり方がわからない、場所がない、周囲が反対する、自信がないなどが挙げられます。

まずは、紙の左半分に、障害・困難をずらっと書き出して下さい。そして、その右にそれぞれの障害・困難に対する解決策を書いていきましょう。例えば、お金がない場合は、支出を減らすか、収入を増やすか、借り入れをするかです。無駄な出費があるならば、その分を起業資金や自己投資に回す必要があります。

解決策については、自分でわかる点については書き出し、わからない場合は、自分で考えたとしてもベストな解決策ではなかったり、そもそも思いつかない場合がほとんどなので、すでにやったことがある人に聞くことをお勧めします。

エベレストに一回も登ったことがない人が考えた登り方を実践したいと考える人がいるでしょうか？　かなり危険ですよね（笑）。それと同様に、問題解決のコツは、**その道であなたが望む結果をすでに達成しているメンターにやり方や解決策を聞く**ということです。

ここで、一つ注意点です。多くの人がアドバイスを聞く相手を間違えてしまうのです。起業したことがない人に起業のアドバイスを求めたり、幸せな結婚生活を送れていない人に結婚相手のアドバイスを求めるなど、結局反対されて終わるか、間違ったアドバイスをもらうだけです。

間違った相手にアドバイスを求めると、あなたもそのアドバイスをした人のようになってしまうので、望む結果を手に入れていない人のアドバイスはすべて雑音として無視すべきです。

他にも、数多くの人にアドバイスを求め、ブレてしまっている人もいます。最終的に決めるのは自分なのですが、オススメは、1つの分野につき1人のメンターを徹底的に追いかけ、学んだ内容を忠実に実行することです。

学校の勉強法と同じで、それぞれの科目につき、何冊もの参考書をまんべんなく勉強する生徒よりも、1冊の参考書を100％理解しきるまで何度も反復して学ぶ生徒の方が高得点を取得するものです。

目標を達成するために時間はとても貴重な資源です。そのメンターのレベルを越してしまい、もう学ぶことはない！　という段階になるまでは1人のメンターからしっかりと学んで下さい。

また、あなたが直面する問題においては解決できないものはありません。必ず解決の糸口があるため、**問題解決をする際には、必ず「どうやったら解決できるのか？」という可能思考を実践**して下さい。

PLAN（行動リストを作成する）

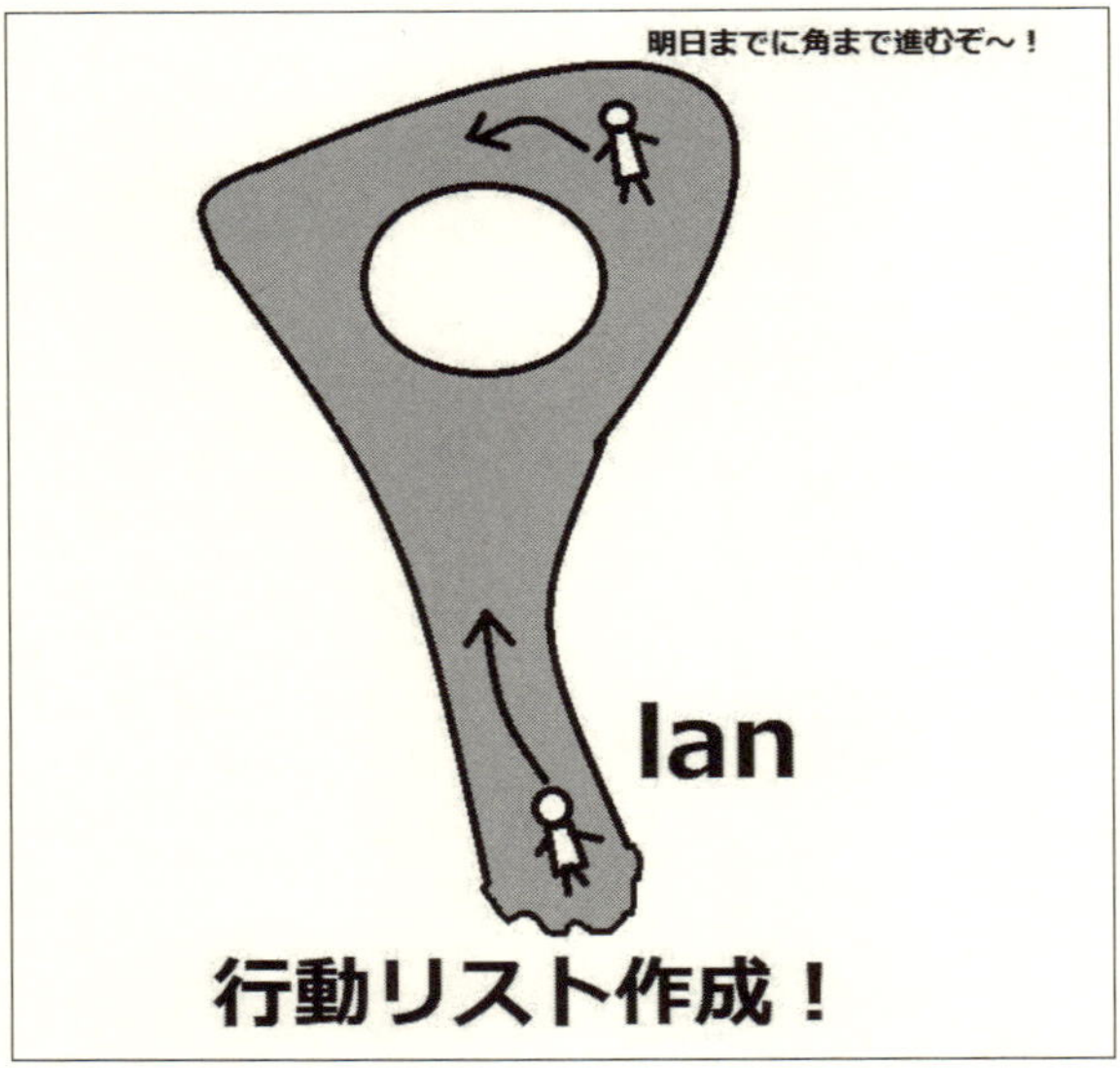

さぁ、いよいよ、具体的な1年間の行動リストを作成していきましょう。また、リスト作成と同時に、それぞれの優先順位と期日を決めることが重要です。

よく、行動リストと聞くと、やるべきことをリストアップする作業と思われることもあります。もちろん、やるべき行動を書くのですが、**やらないことを決める作業**も大切です。

つまり、優先順位をつけて、優先度

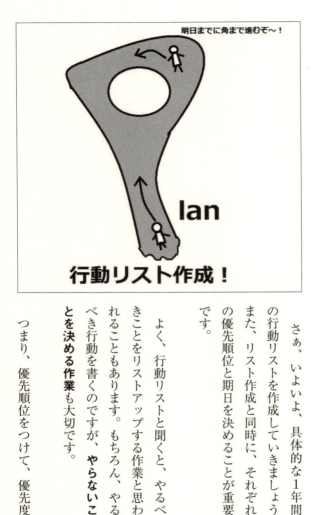

の低いことはやらないという決断をするのです。

優先順位が明確でなければリターンの小さいことに一生懸命になってしまう可能性があり、さらに期日が決まっていないとどんどんとやるべきことが後回しになってしまうのです。

また、リストを作成する中で、「ホームページを作成する」と書いて決めたものの、実際は、やり方がわからないまま期日までに作成できていないということがありますよね。このケース以外にも、行動できていない理由が、「やり方がわからないから」という場合がよくあります。その場合は、もう一度、以前に書いたＳＴＲＡＴＥＧＹに戻り、問題点・課題として新しく追加し、その解決策も書き足します。

このように、行動リストに書いたものの、期日までに完了できていない場合は、どこかに障害・困難が残っている可能性が高いのです。しばらくは、**ＰＬＡＮとＳＴＲＡＴＥＧＹを行ったり来たりしながら、リストを完成**させます。

その他のケースとして、行動リストに「朝起きてジムに行く」と書いていても、なかなか朝起きれず、結局ジムに行けていないこともよくあるかと思います。このような場合は、やり方がわからないなんてことはないので、本人のやる気や意欲の問題です。

その場合は、次のＡＣＴＩＯＮの項目に行きます。

ＡＣＴＩＯＮ（すぐに代償の先払いを実行する）

あらかじめ、旅行に申し込み、お金を払っていたならば、必ず行きますよね？　なぜなら、お金や時間という代償を先に払ってしまったからです。

これと同様に、**１年後の目標達成にむけてのあなたが先に払う代償を記載**します。先ほどのリストを作成したところで、実行に移さなければ何も結果は変わりません。

例えば、次のような書き方をします。

「毎朝5時に起きて、ジムに行っている風景をSNSに投稿すると周囲に約束します！」
「ダイエットプログラムに申込み、40万円支払います！」

このように、人と約束をしたり、先にお金を支払ってしまうことや、時間を確保するなどの代償の先払いをすることで、**やらざるをえない状態を作ることが鍵**です。

多くの人が、時間やお金を使わずにして大きな結果を手にしよう、などという、ローリスクハイリターンを求める都合のいい考え方をしてしまうのですが、**この思考では成功は論外**です。

目標達成には、代償の先払いが必要不可欠です。成功の原理原則として、与えてから入ってくるものだからです。

あなたが今とは違う結果を手に入れたいのであれば、目標達成のために、あなたのお金、時間、労力、エネルギーを先に差し出す決断をしなければいけません。

成功者は、必ずと言っていいほどに素晴らしい決断力の持ち主です。優柔不断の成功者なんて存在しません。**気合なんてものはいりません。代償を先払いする決断力があればいいのです。**

具体的には、人生を変えたいなら自己啓発プログラムを受講する、起業したいなら先に会社を作ってしまう、ボディーメイクをしたいならジムのパーソナルトレーニングの予約をする、痩せたいならライ○ップに申し込む（笑）。

また、決めて断つと書いて、決断。決めるところまでは多くの人が簡単にできてしまうのですが、断つという点を実践していません。

無駄な飲み会はすべて断り、起業の準備に充てる、車や家は買わずに、自己啓発の費用にあてる、残業をせず、自分のビジネスの見込み客にセールスをする等、限られた時間やお金という資源を、目標達成につながるものに注ぐのです。

一点集中という言葉がありますが、これは非常に重要なキーワードです。**成功者は、一点で貫いた人**なのです。あれもこれもとやっていると、資源が分散して、すべてが中途半端な結果になってしまいます。

私の過去の例で言うと、会社員をやりながらGOSPAを設立しました。月曜〜金曜まで会社にいなければいけませんので、ビジネスにおいて実質動けるのは平日の18時以降と土日・祝日です。

それでもビジネスだけで月100万円以上を安定して稼げていたのは、代償の先払いができていたために**ACTIONの決断度合いが半端なく強固なものだったから**です。

19時からビジネスのアポイントが入っていれば、是が非でも定時に仕事を終えなければいけませんので、最も重要な業務から効率よく仕事を完了させ、**即退社しなければならない必要性を作った**のです。

会社の飲み会や、友人とのつきあいなど、自分の究極の目標につながらない行動に貴重な時間やお金を注ぐことは極力避けていたので、そのお陰で目標達成の速度が圧倒的に早かったのです。

以上のように、GOSPAのプロセスによって、明確な目標を設定し、使命感をベースに、あらかじめ問題解決をして、優先度の高い行動から実行に移すことで、シンプルかつ自然と目標に向けて前進していけるのです。

受講生Nさん（男性・27歳）の例

ではここで、実際にGOSPAを実践し、数々の目標を達成した人の例をいくつか紹介しましょう。

Nさん（男性・27歳）は、有名な大手自動車メーカーの工場現場作業員として働いていました。

彼は、起業・独立し、サラリーマンを卒業したいと考えていました。そこでGOSPAを実践し、まずGOALとしては、株式会社を設立し、サラリーマンを卒業、ビジネスで月に100万円を稼ぎ、さらに素敵なパートナーを作るということを目標設定しました。

以前のNさんは、学歴もなく、失恋もし、仕事でもやりがいを感じることができず、なかなか自分に自信が持てず、親や会社の人、周囲の人たちをとにかく見返したい！　という思いが強くあったので、「なにくそ精神」で様々なビジネスや投資にチャレンジしたものの、結局空回りし、お金を失っただけで、全然うまくいきませんでした。

しかし、先ほどの説明にもあったように、大切なのは使命感。OBJECTIVEでは存分に感謝のエネルギーを使い、使命感のモチベーションを湧き起こす方法を選択しました。

自分がどのような結果を手にするのか、自分がどれだけ得をするのか、自分がどうなりたいか、といった自己中心的な目的ではなく、自分と関わることで、周囲の顧客や取引先の人たちにどのように喜ばれるのか、また、どのような感謝の言葉をもらうのかを、まるですでに叶ったかの如く明確にイメージしました。

「ありがとうございます！　あなたのお陰です！」と、周囲の人に言われている時の自分をイメージすると…これで嬉しくない人はほとんどいないでしょう。この感謝のエネルギーを最大限に活用するのです。

とは言っても、Ｎさんには予測される障害もいくつかありました。周囲には起業に成功している人がほとんどおらず、つるみを変える必要がありました。また、孤独な中でビジネスに取り組んでいると、心の中で弱さが生まれ、そんな時に相談できる力強いメンターも必要でした。

そのために、ＳＴＲＡＴＥＧＹとして、メンターをつけ、毎月反復してアドバイスがもらえる環境に身を置き、さらに、エグゼクティブたちが集うスポーツジムにも入会し、環境をガラリと変えたのでした。

PLANにおいては、なりたい姿を実現しているメンターからアドバイスがもらえることで、目標達成のための行動リストの質が格段に高まったのです。

Nさんは、行動リストに書いていた内容を素早く実践できる人でした。しかし、これは何も彼のメンタルが強靭だったわけではありません。むしろ、STRATEGYの点でも述べたように、心の弱さはどうしても出てしまうものです。

そんな中、なぜ迅速に行動できたのかというと、Nさんはちゃんと代償の先払いを実践していたからです。ACTIONとして、ビジネスに最優先に時間を注ぐために、あらかじめ、車やギターなど、ビジネスの飛躍の邪魔になると思ったものを売り払い、また、会社設立と同時に、勤務先の会社へ退職届を提出することで背水の陣を敷き、逃げ道を封じ、稼がざるをえない状況を作ったのでした。

ここで、よくある質問の中に、「いつ会社員を辞めたらいいですか?」というものがあります。

これについては様々な答えがありますが、彼のように、勢いよく辞めたからこそ覚悟が決まり、集中力が発揮され、収益を伸ばし続けられる人もいれば、心配性な性格のために、安定収入があってこそビジネスで収益を上げることができる人もいます。どちらがいい、悪いというのはありません。

しかし、いつ会社員を辞めるべきか、という質問をする人においては、このような質問をする時点で、心配性な性格の方が多いようです。その場合は、月100万円を土日・祝日のみで半年間安定して稼ぎ続けられるようになるまで、会社員を続けることをオススメします。

結局、Nさんは会社を設立し、初月から収入が100万円を超え、素敵なパートナーにも恵まれ、目標を達成したのでした。1年間で達成する予定だった目標も、GOSPAを実践することで、短期間で達成することができたのです。

受講生Yさん（女性・29歳）の例

続いて、Yさん（女性・29歳）の例をご紹介しましょう。彼女は、20代前半の頃から、起業したいという願望があったものの、具体的に最初の一歩を踏み出すことができず、会社員として経理の仕事をしていました。

「20代も後半…今度こそは！」と、目標達成に向けて、GOSPAを実践することになりました。

まず、YさんのGOALとしては、株式会社の代表取締役社長になり、半年後には月50万円、1年後には月100万円稼ぐことを設定しました。また、半年後には活動拠点を広げ、地元だけでなく、全国を飛び回る自由なライフスタイルを実現したいということでした。

彼女は目標達成のために、非常に高いモチベーションを維持していました。というのも、彼女のモチベーションの源も使命感であり、ＯＢＪＥＣＴＩＶＥとして、彼女と関わった人たちが言ってくれるであろう感謝の言葉を明確にイメージできていました。

収入は貢献度の通知票です。世の中に自分の持てる価値を最大限に発揮できているからこそ手に入るものです。

また、彼女は以前、「稼ぎたい」「自由なライフスタイルを実現したい」「好きなことで起業したい」と思いながらも、手にする結果は何も変わらず、勤務していた会社でも彼女の才能をうまく発揮できずに、職場に馴染めないまま、楽しくない日々を送っていました。そこで、「そんな過去を持つ自分が成功して結果を出すことによって、同じような境遇を味わった人の希望やお手本になりたい！」という気持ちがとても強くあったのです。

とは言っても、予測される障害・困難もありました。ＳＴＲＡＴＥＧＹとしては、ビジネスの経験がまったくなく、人とコミュニケーションを取るのが苦手だったため、集客や営業をどのように強化すればいいのかがわからなかったのです。

解決策としては、すでにその道で成功している人の真似をすることを徹底したそうです。集客し続けられている人、セールスがうまく、顧客に感謝されながらも商品が飛ぶように販売できる人から学び、実践と改善を繰り返していきました。

また、彼女にとって大きな助けになったことは、自分の才能を知り、それをうまく活用できたことでした。自分の素質を否定することから解き放たれ、自由に翼を広げられるようになったことで、精神的エネルギーが上がったのです。

ＰＬＡＮとしては、自分の望む未来をすでに実現している人から教わったことは、とにかく素直にやる！　真似しながら学ぶという、真似ぶ（まねぶ）ことに集中したそうです。独自手法に頼ると逆に遠回りしてしまうために、メンターの重要性を大きく理解していました。

しかも、ただ言われたことを何も考えずに実行しただけでなく、「なぜこの行動が必要なのか」という、本質についても自分なりに考える習慣も大切にされたそうです。要点がわかった上での行動には力があります。

また、彼女もNさんと同様、代償の先払いをしました。とにかく自分がやると決めたことに関しては、お金、時間、労力、エネルギーを注ぐことを惜しみませんでした。今自分の手元にあるお金や時間、才能や能力をうまく活用し、手にする結果を大きくすることに専念し、ACTIONとして、株式会社を設立し、HPも作成することで、社長としてのセルフイメージを確立させたのです。

受講生Mさん（男性・27歳）の例

最後に、GOSPAを実践し、人生の大逆転に成功したMさん（男性・27歳）の例をご紹介しましょう。

彼は以前、職人として働いていました。しかし、そこで人間関係がうまくいかずに退職し、奥さんと子どもがいましたが、精神的にも肉体的にもボロボロになってしまったために「もう職場に戻りたくない」と、4ヵ月間働くことができずに、ニートになってしまったのでした。

27歳までに何度も転職を繰り返し、3つの会社で会社員を経験したものの、どこに行っても仕事でのミスが多くて結果を出せず、上司や同僚にはバカにされ続け、だんだん自分は社会不適合者だと思うようになり、就職に対する恐怖を感じていたそうです。

その恐怖から、雇われて働くのではなく、自分でビジネスをやろうと思い立ったのでした。そこで、起業本を読み漁り、稼ぐ方法を学ぶセミナーに参加したものの、結局のところ具体的手段がわからないまま、100万円以上あった貯金をすべて食い潰してしまったのです。

そんな中、GOSPAとの出会いにより、彼の運命が大きく動いたのです。

「もう後はない」本気の覚悟でGOSPAを実践することに。まずGOALとして、自分の才能を全開に活かし、月50万円を安定して稼ぐことを設定。

OBJECTIVEは明確でした。彼には奥さんと子どもがいて、2人の喜ぶ顔を見ることが一番の楽しみでした。また、彼のクライアントから握手を求められながら、厚いお礼を言ってもらっている光景を何度もイメージしたそうです。

しかし、STRATEGYも盛りだくさんでした。例えば、家族を養う必要がある一方で、借金があることや、求職中でも仕事がなかなか見つからず、何から始めていいのかわからないということ、過去に負け癖をつけてきた自分が本当に成功できるのか？　という不安と懐疑心がつきまとっていたことでした。

当時の彼は、思いもしなかったでしょう。その後、なんと3週間で新しい仕事が決まり、それと同時に副業として、土日のみで完全歩合制のセールスを開始し、連日契約の連鎖を巻き起こすことになるなんて。

そうです。彼は結局、営業未経験にも関わらず、土日の副業の収入があっという間に平日の会社員の仕事の給料を超えてしまったのでした。

就職においては、彼は以前、正社員でないといけないと思い込んでいたために、なかなか内定をもらえなかったのでした。

しかし、彼の場合は、一生サラリーマンをやり続けたいわけではなく、起業もしくは完全歩合制セールスの業界で突き抜けていきたいということだったので、大手企業に勤務する給料のいいサラリーマンになる必要がさらさらなかったのです。

なので、派遣社員として就職することにしたのです。というのも、定時に仕事が終わり、土日・祝日は確実に休みで、休暇の希望も通りやすいなど、起業家にとっては大きなメリットだったのです。正社員に比べて多少給料が下がっても、副業で稼ぐから問題なし！

彼以外にも、正社員じゃないといけないという一種の洗脳によって、人生の選択を大きく間違える人は多くいます。起業して成功したいと考えているのであれば、残業代で稼ぐことよりも、ビジネスにとって有利な派遣社員を選択する方が賢い判断と言えるでしょう。

彼はＰＬＡＮとして、トップセールスマンになるための行動を片っ端から実行しました。トップセールスマンと同じ思考、同じ行動を実践し、セルフイメージを劇的に生まれ変わらせたのです。

もちろん、セールスについての知識も習得し、精神的、肉体的エネルギーを高めるために、金銭的に余裕がなくとも、ジムに通い、食事にもこだわるように心がけたのです。

これは、ACTIONにもつながります。過去の自分とは完全に決別し、勝利者である自分に生まれ変わる決断力がうかがえます。

以上のように、GOSPAを実践し、目標を達成した一部の人の例をご紹介しました。

あなたも、自分史上最高の人生にするためにGOSPAを実践してみてはいかがでしょうか？

164ページに、実際に私が開発した「GOSPA行動計画書」があります。

今までにお伝えしたGOSPAのプロセスに従って目標設定および行動計画を作成できるようになっています。

こちらについても詳しい書き方と具体例については、読者特典として「GOSPA行動計画書書き方動画」を無料でダウンロードして頂けますので、そちらをぜひご参照下さい。「よし、やってみよう！」とやる気が出てきた人も多いかと思いますが、GOSPAは一度書いたら終わりではありません。GOSPAは行動しながら修正していくものです。目標達成を習慣化していくための秘訣について次章でお伝えしていきます。

PLAN（目標達成のための行動リスト）

優先順位	行動リスト	目標期日	完了日

ACTION（目標達成の代償として、何を喜んで差し出す決断をするか？　お金、時間、労力、エネルギー）

アファーメーション（私は・・・です！　私は・・・になっている！）

GOSPA 行動計画書	人生分野	期間	記入日	目標期日

GOAL(SMART:具体的、測定可能、達成可能、現実的、期限が明確)

OBJECTIVE(目標達成により誰を笑顔にし、何と感謝されるか？　例:顧客「○○さんありがとう！おかげで・・・」)

STRATEGY(予想される障害・困難)	(実行可能な解決策・対策)

第　4　章

GOSPA

成功と富を習慣化するために

成功は無意識に行っている習慣で決まる

単発で成果を出しただけで終わり。みなさんはこのような短命な人にはなりたくないはずです。

そこで、本章では、成功や富、豊かさや幸せを「習慣化」するためのポイントをお伝えしていきます。

第3章で作成したGOSPAのG（ゴール）で、一度明確な目的地を入力したら、ナビゲーションシステムを作動させ、「よし！　やろう！」と意気込んだり、無理に気合いを入れなくても自然と行動に移してしまえるようになれば嬉しいわけです。

あなたには、誰から指示されたわけでもないのに、思わずやってしまうことや、ついつい体が動いてしまう、なんてことがあるかと思います。この「ついつい効果」を目標達成に活かしたいものです。

今日朝起きて突然太っていました！　なんてことがありえないように（笑）。収入、仕事、人間関係、家庭、健康など、今私たちが手にしているすべての「結果」は、私たちが選択した「行動」の積み重ねです。

今日のご飯は何にしよう？　今日は何色の服を着よう？　と1日の中でも私たちはあれやこれやと考えますが、このように意識的に考えていることについては、顕在意識と呼ばれている部分を使っています。

しかし、顕在意識による行動はたった5％に過ぎず、成功のヒントは、残り95％を占める潜在意識にあると言われています。

あなたは朝歯を磨くときに、どこから磨くかを意識しますか？　おそらくほとんどの人が意識しないでしょう。

潜在意識にインストールされている情報が完全に習慣化しており、その情報をもとに私たちは自動操縦されているようなもので、無意識に判断を繰り返しているのです。

例えば、もし、ある人が子供のころから納豆が食卓にあり、慣れ親しんで育った場合、潜在意識に「納豆は栄養価が高く、おいしい食べ物だ！」とインストールされていることが多いでしょう。

その人の場合ですと、納豆を目にすると、「飛びついて食べる」という行動を生むことになります。

しかし、幼少期から納豆が嫌いで、潜在意識に「マズくて臭い食べ物だ！」とインストールされている人の場合だと、「食べない」という行動を生むことになります。

このように私たちは無意識による判断の繰り返しで今の結果を手にしていますが、仮に今、手にしている結果が自分にとって満足でないとすれば、とってきた行動が間違っていたことになり、つまり、とってきた判断が間違っていたことになるのです。それも無意識に！

人間とは、よかれと思い判断を下すわけですが、その、よかれと思う判断が間違っていれば、望まない結果を手に入れることになるのです。

潜在意識の情報を書き換える作業をすることで、手にする結果を変えていくことができるわけですが、具体的にどのようにして潜在意識を書き換えていくのか、ポイントをお伝えしていきます。

行動は21日間で習慣になるが、思考を習慣化するには6ヵ月かかる

「まずは3週間お試しください」

このフレーズを聞いたことがある人も多いかと思いますが、これは、行動を習慣化するのに21日間かかるということをうまく利用したセールストークです。

例えば、21日間一つの化粧品を使い続けたら、それが習慣となり、22日目以降も使い続けるということですね。

私たちも、**習慣化したい行動を21日間とり続けると習慣になる**のです。一度習慣になってしまえば、いい習慣だろうが悪い習慣だろうが、やらないと気持ち悪い、という状態になります。

歯磨きや朝シャワーはいい例です。朝起きて、シャワーを浴びて歯磨きをしないと気持ち悪い！　と思っている状態はまさしく習慣です。

何か行動習慣を作りたいときにオススメの手法は、最初は強制的に実行せざるをえない仕組みを作ることです。

私は以前、朝にジムに行く習慣をつけたいと思いましたが、なかなかモチベーションが上がらない…そんなときに実践した方法は、朝、その時間に家の前にタクシーを呼んでおくことでした。

インターフォンを鳴らしてくれるので、起きるしかないわけです。起きて、タクシーに乗って駅にでも行ったら目が覚めていき、ジムで気持ちよく体を動かすことができます。

今ではジムに行かなければ気持ちが悪く、喜んで行くようになりましたが、習慣化するには、気合や根性ではなく、仕組みで勝負！　最初はやや強制的な手法でやることがポイントです。

土日のみでビジネスをやっている人にとっては、ビジネスの売上を上げたいと思いながらも会社員の仕事を最優先させてしまい、なかなか現状を手放せない…という人がいます。そんな時は、先に会社を設立してしまうのです。

基本、私は**起業する時には会社を設立して下さい**と言います。

私は、個人事業での起業をあまりオススメしていません。税務署に開業届を出せば終わりで、費用もかからないので、本人は何も代償を払っていないことになります。しかし、会社設立となると、株式会社であれば25万円ほど代償をあらかじめ支払っているのです。

人間の脳の作りから言って、出したものを取り返そう！　という心理が働きます。現に、代償を先払いして、会社を設立して起業した人の方が売上を上げるスピードが格段に速いのです。

また、会社設立をオススメするもう一つの理由をご紹介します。

例えば、女性が友達と結婚相手の話をしている時に、「○○ちゃんの彼氏って何の仕事をしているの？」と聞かれて、「個人事業主で飲食店をやっている」と答えたらどう思いますか？　きっと、「不安定で、これから苦労するのでは」と心配されるでしょう。一方、「○○ちゃんの彼氏って何の仕事をしているの？」と聞かれて、「ＩＴ企業の社長」と答えたらどう思いますか？　大半の方が、「すごいね」「玉の輿に乗ったね」と言って、うらやましがられるでしょう。

ここでのポイントは、個人事業主と、会社を設立した社長の周囲からのイメージの違いです。さらに、「会社社長は規模が大きい、個人事業主は規模が小さい」というイメージを自分にも適用し、セルフイメージ（自己概念）を形成します。

結局のところ、その**セルフイメージが会社の売上や規模、成長度合いを決めてしまう**のです。

とは言っても、税理士さんと逆の話をしていることは承知の上です。

売上が上がってから法人化した方が税金的にいいと言われることがよくありますが、節税ばかりに意識を向けているから、売上も上がらないのです。ということは、そもそも個人事業のままでは税金に困るほど売上を上げるまで大きくならないことが多いので、本末転倒です。

起業する際に、ケチるべきところと、ケチってはいけないところがあります。会社設立はケチってはいけないところです。

会社を設立すれば、「社長」です。社長なのに、月に10万円程度しか稼いでいないのですか？　なんて言われたくないですよね（笑）。

だから売上を上げる行動を起こすのです。

このように**最初は強制的に行動を促す仕組みを作ることで習慣化がよりカンタンにできるようになります。**

行動の習慣化は3週間。

一方で、思考を習慣化させるには6ヵ月かかると言われています。長いと感じる人もいれば、そんなに短期間で変えられるの？　とビックリする人もいるかもしれません。

なかなか前向きになれないんです…と悩んでいる人が、1日や2日で思考がガラリと変化して、人が変わったように突然に前向きになる！　なんてことはありえず、一時的にテンションを高めることは可能ですが、前半でもお伝えしたように、持続しません。

例えば、叫んだり、踊ったり、ハグしたり、まるでライブのような、ダイナミックなセミナーに参加して、その時にテンションを高めまくったとしても、家に帰ったら元通り。日常に引きずり戻されるだけなのです。

つまり、潜在意識を書き換え、思考を変えるには、反復作業を通じて鍛錬することが必要なのです。

習慣化のコツは「インパクト×回数」

突然で恐縮ですが、ストリップに行ったことがありますか？

私は以前、ラスベガスのストリップに行き、顔面に金髪のお姉さんの胸をなすりつけてもらう経験をしました。

私は、ただの男のエロ心でストリップに行ったのか？

その答えは後ほどにとっておき、いったんまじめなお話しに戻します。

先ほど、思考の習慣化には6ヵ月かかるとご説明しました。人間の思考にも癖と呼ばれるものがあり、誰にでも習慣になっている思考回路があるのです。何でも習慣的に前向きに捉えることができる人は、その思考が癖になっているのです。そういう人は、アポイントをドタキャンされても、「よかった！　時間ができた！」と、喜ぶこともあるでしょう。

逆に、すべてのことに悲観的な思考が癖になっている人は、全部を悪い方、悪い方へと考えてしまい、「失敗したらどうしよう…」と、まだ確定もしていないのに、勝手に妄想という名のお化けを作ってしまい、恐怖を抱いているのです。

どちらの思考が成功者の思考かは言うまでもありません。誰でも、思考回路を成功者と同じにすれば、同じような思考を実践でき、同じような結果を手にすることができるのです。

そのために重要なのが、**「インパクト×回数」**。

新しい思考回路を形成するには、大きく分けて次の2つのステップがあります。

①インパクト大な経験をすることで、脳を破壊

②インパクトは小さいけれど、何度も反復して刷り込ませる

私がなぜ、ストリップに行ったのかというと、①の戦法をとったのです。非日常を味わうことで、一度、脳をクラッシュし、新たな思考回路を形成するという自己投資のためだったのです。

思考の習慣化は、行動の習慣化とは話が異なり、ちょっと意識した程度ではなかなか変わらないものです。「思考を変えよう！」と思い立ったものの、会社と家の往復だけの状態のまま思考だけを変えるのは至難の業です。じっと座ったまま、うーんと考え続けることも同じです。

ハッキリと言えることは、家と会社の往復しかしていない人が、壮大なビジョンを描き、画期的なアイデアを生み出すことなんてできるはずがないということです。

私たちは日常における見るもの、聞くもの、食べるもの、見るもの、触れるものすべてに、よいか悪いかに関わらず影響されて結果を生んでいます。

すべてがつながっているので、一部分だけを変えていい、というものではないのです。例えば、一般的に決断力がない人は、何事も決断を先延ばしにし、意味のある前向きな検討ではなく、先延ばしにするだけの悪い検討をしてしまっています。人生全般に、自分の決断力のなさを適用しているのです。

「破壊なくして、創造なし」と言われるように、新たな思考習慣を作るためには、非日常を味わい、脳を破壊することから始めて下さい。

手っ取り早いのは、やったことがないことをすればいいのです。もちろん、ストリップ以外にも、バンジージャンプを飛ぶ、世界の絶景を見に行く、滝に打たれる、パワースポットに行くなど、様々なインパクト大な経験をすることが可能です。

私は定期的にパワースポットに行く習慣があります。遊び目的ではなく、定期的に新たな思考回路を形成し、新しいアイデアを生み出すためなのです。

インパクト大な経験や感動体験を味わうことで、潜在意識のインストール情報を一瞬で書き換え、新たな思考回路を形成します。

しかし、インパクトが小さいことについては、1回だけやってもなかなか潜在意識にインストールされにくく、何度も繰り返し刷り込ませていく②の方法になります。

これをうまく使っているのがCMです。

キリン、アサヒ、サッポロ、エビスの中であなたはどれが一番好きですか?

…ちなみに今、何を連想しましたか?

私はお酒なんて言葉は一切言っていませんが、大半の方がビールを連想したはずです。
これは、テレビで何回もCMが流れているために、潜在意識に刷り込まれているのです。
これぞ、反復の威力です。

私は指導者として、あえて受講生さんたちにややインパクトのある話し方をするときがあります。暴言ではありませんよ(笑)。これは、成果に大きく影響するからです。ヌルい言い方だと、回数を重ねなければいけなくなります。

少ない回数で最大の成果を出すためには、インパクトが大切です。

禁煙ができない人は、普通にタバコをゴミ箱に捨てるだけではやめられません。やり方がヌルいので、極端な例を言うと、タバコ全部に火をつけて吸ってむせてから踏みつけるくらいのことをやればいいのです。体で感じるインパクトが大きすぎて、もう吸えなくなります。

感動体験でインパクトを高める

習慣化のコツは、「インパクト×回数」だとお伝えしました。

人前で恥ずかしい思いをしたり、人前で怒られてバカにされた経験があり、忘れたくても忘れられないことってありませんか？　これは、自分にとってインパクトの大きな経験をしたことで、潜在意識に深く記憶されているということです。習慣化の際には、これをいい風に活用すればいいのです。

衝撃が大きなことほど人間は記憶します。もちろん、今言ったようなマイナスにインパクトの大きな経験も効果がありますが、逆にいい意味でインパクトの大きな経験も同様です。そのような例として、先ほどは感動体験を増やすことをオススメしました。

感動体験についてもう少し説明します。ＧＯＳＰＡでは年に2回、屋久島にてビジネス合宿を開催しています。きっかけは、私が屋久島に惚れ込んだからでした。空港から降りた瞬間、自然のパワーに感動し、私にとっては大きなインパクトでした。

インパクトが大きかったために、到着してすぐその日に物件を見に行き、即屋久島に住むことになりました。

インパクトの大きな経験は、行動を促してくれるのです。

さらに、日本にもまるで海外のようなパワースポットがあるなら、こんな非日常空間でビジネス計画を立てたら飛躍間違いなし、ということで屋久島合宿をスタートさせ、これがまた大好評だったのです。

インパクトの大きな経験は、新たなビジネスになる可能性があるのです。

感動したことがある人は、人に感動を与えることができます。豊かになりたいのなら、たくさん感動しましょう。見たことのない景色を見たり、会ったことのない人に会ったり、行ったことのない国に行ったり、食べたことのないものを食べるなど、感動体験を毎月味わうことをオススメします。

思考を文字化することで、複数感覚を使って回数を増やす

「インパクト」について詳しくお伝えしました。次に「回数」についてです。

例えば、あなたは「書く習慣」がありますか？　必ずと言っていいほどに、成功者は思考を文字化する能力があります。

「魚のアジを漢字で書いて下さい」と、とっさに言われて困ったことはありませんか？めったに書かないために手が動かないのです。

一方で、「お名前をご記入下さい」と言われて困る人はいないはずです。これは、書くのはもちろん、今までに自分の名前を言ったり聞いたりし、反復によって回数を重ねているので、無意識に手が動くようになっているのです。

何かを習慣化したいとき、**考えたり、書いたり、見たり、話したり、聞いたり、という風に、複数感覚を同時に使用することが大きな助け**となってくれます。

時々、スマホやパソコンに予定や目標を入力している人も見かけますが、私はあまりオススメしていません。文字をタイプすることは便利ではありますが、手を動かして書くことに比べると圧倒的に文字化する手順が少ないので、潜在意識に記憶されにくく、効果が下がってしまうからです。

目標や行動計画を紙に書く作業は、考えながら書き、その内容を目で見ます。さらに、その内容を話しながら自分の声を聞く作業も加えると最高です。

色々と考えすぎて頭が混乱し、判断が鈍ってしまうときは、書くというアウトプットの作業をすると明確化し、解決することだってあります。

当社の受講生さんにも、ＧＯＳＰＡオリジナル手帳を使って、あらゆる角度から考えて書くことをやってもらっています。五感を通じて潜在意識に入れ込むためです。

可能であれば、これも、非日常の中で書く作業をすると効果的です。

今後の計画を立てるのに、いつもいるような場所や、周囲がざわついているところではなかなか書けないという場合は、環境を変えてみましょう。ラグジュアリーホテルのラウンジや、リゾートに行って海の見える綺麗な景色を眺めながら書くと、思考の幅が広がり、書く内容が大きく変わってくることでしょう。

なりたい姿を実現している成功者からアドバイスを受けてズレを修正する

とは言っても、書いたことがすべて正しいとは限りません。エベレストに登ったことがない人がエベレストの登り方を書いても、その通りに実行したら遭難してしまいます。

何でも自分で成し遂げようとする人は、遠回りする人です。

自分の判断が正しいと思いたくなるものですが、人間は判断を間違えてしまう生き物です。

やったことがないことに挑戦する際、その道のプロからアドバイスをもらえば、お金を支払うことにもなりますが、自分でゼロから取り組むことに比べると、結局は多大なお金と時間の節約につながります。

面白いことに、成功者と失敗者では、同じ景色を見て、同じ情報を入手していたとしても、真逆の判断を下しているのです。

私は、今までに６０００人以上の方に指導してきましたが、結果を出せる人に共通していることがあります。それは、**素直で、決断力がある、**ということです。

素直な人は、カラカラに乾いたスポンジのように、色んなことを貪欲に吸収します。自分が間違っていた時も素直に受け止め、成長する機会だと、むしろ前向きに捉えます。さらに、決断力のある人は何事も即決なので、実行までが早いのです。

その傍ら、成果が出にくい人は、「でも、だって」と言い訳をし、行動できないまま、協力者を遠ざけます。様々なことを決めないまま、保留状態で人生を送っているのです。

素直な人は、ズレを修正することが上手です。学ぶときに、まず「真似ぶ（まねぶ）」

ことをします。武道の世界で言われる「守破離」です。一方、素直でない人は、懐疑的なままズレた軌道をまっしぐらに進みます。
経営の神様である、松下幸之助さんも参謀役がいましたし、20世紀最大の経営者である、ジャック・ウェルチもピーター・ドラッガーからアドバイスをもらっていました。大成功者たちですら判断を迷うことがあるのなら、私たちに必要ないわけがないのです。

また、時として、他人の力を借りるとうまくいくことがたくさんあります。

例えば、人は持って生まれた才能が様々です。苦手を克服することが大切だと教えられてきた人が多いため、全部苦手なことまで自分でやる人が偉い、と言われがちですが、できない場合はお金を払ってできる人にお願いすればいいのです。つまり、お金で時間や経験、アイデアを買うわけです。

私はボディーメイクをする際に、プロのトレーナーについてもらいました。トレーニングする際も、間違ったフォームのままだと筋肉を鍛えるどころか、体を傷めてしまうことだってあります。

お金を払ってパーソナルで指導してもらい、おかげで早い期間でガリガリ体型から筋肉をつけることができました。

つるみの質を高めれば、よい習慣が継続できる

人間は、日頃つるんでいる人の影響をよくも悪くも受けます。せっかく成功者からアドバイスをもらって思考を整えたとしても、質の悪い人と一緒に過ごしていれば、影響を受け、知らず知らずのうちに同化してしまいます。

つまり、**つるみは習慣化を定着させるための重要な鍵**なのです。私たちは、日頃一緒にいる5人の平均が今の自分になると言われています。

いくらダイエットに成功したいと思っていても、周囲の人がジャンクフードを習慣的に食べているようではなかなか難しいですよね。それと同様に、起業して成功したければ、

会社員と同じ生活をしていては難しいのです。

年収3000万円稼ぎたければ、年収500万円の人とばかりつるんでいては突き抜けられないでしょう。よくあるのは、起業する、と言ったら家族に猛反対されるケースです。「危険だからやめておきなさい」「そんなのできるわけないでしょ」と、悲観的で懐疑的な意見を浴びてしまい、習慣化どころか、一歩も踏み出せないまま終わってしまうのです。

反対されている環境で自分に集中するのは精神的にもよくありません。より燃えてくる！　という方もまれにいるかもしれませんが、大半のケースはマイナスに働いてしまいます。

そのために、誰と日頃長時間過ごすのかを慎重に選別する必要があります。**つるみを変えれば人生が変わる**と言っても過言ではありません。

人間は普段見ているものと同化します。これを「ミラーニューロンの法則」と言います。

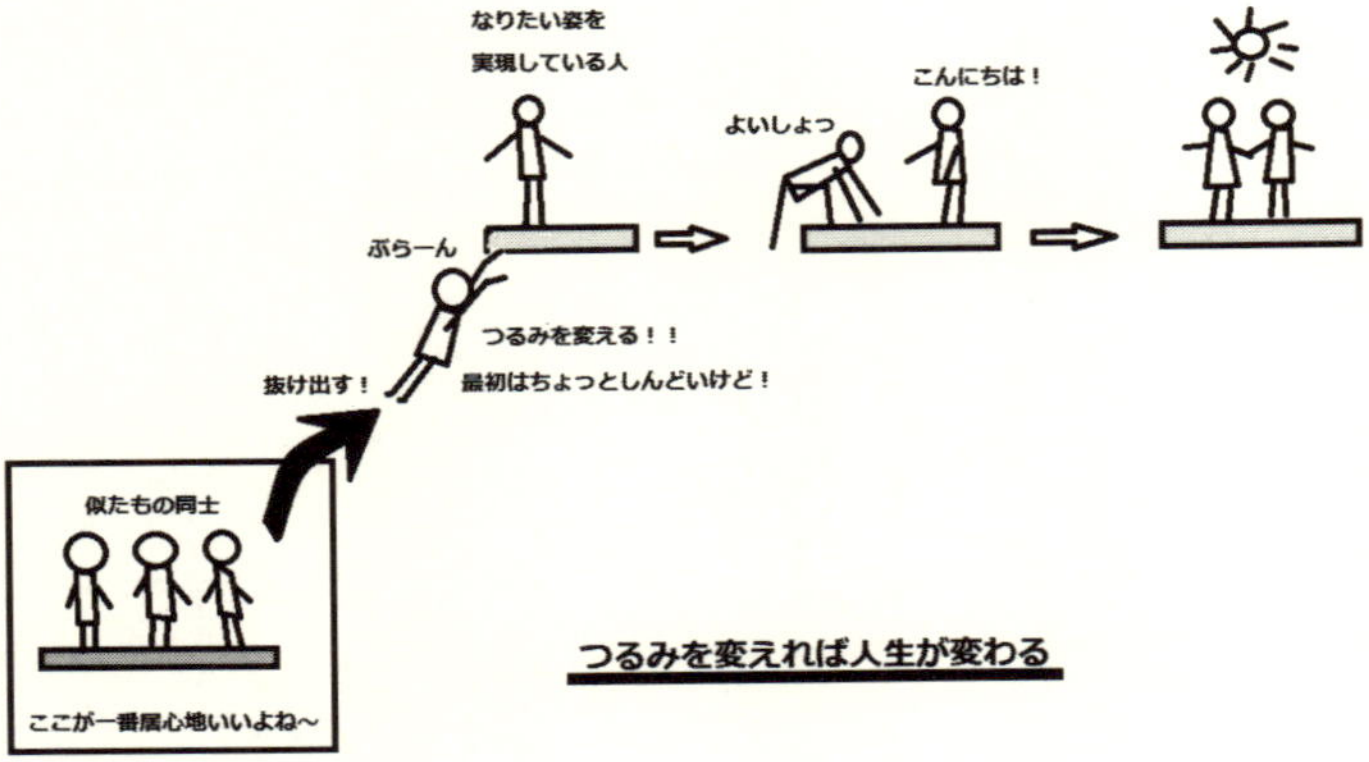

だから私はあえて、スタイルがよくてモデルのような女性や、ムキムキマッチョのかっこいい男性が集まるジムに行きます。太った人が集まるジムや、喋り目的で来ている人たちが集まるジムに行けば、そういう人と同化してしまうからです。

日頃一緒に過ごす人の感情や発言、思考も伝染するのです。

ですので、なりたくないと思うような人とは一緒に過ごさないようにするべきであり、意図的に「こうなりたい」と思える人に囲まれる毎日を送ることが賢明です。

正しくお金を使う習慣を身につければ、ますます富が増えていく

お金の使い方の習慣で豊かさが決まります。特に20代の頃のお金の使い方が30代の豊かさに大きく影響を及ぼします。お金の使い方には、次の3つがあります。

①投資
②消費
③浪費

消費は、家賃や食費、衣服にかけるお金など、生活していくために最低限必要な金額のことです。浪費は、ぜいたくによるいわゆる無駄遣いのことです。ブランド品の購入、無駄な外食や飲み会、コンビニエンスストアでお菓子を大量に買い込んだり、服をやたらと購入することです。

間違いなく、収支がマイナスになってしまっている人は、お金の使い方に大きな問題が

あり、最低限の消費以外のお金をほとんどこの浪費に充てているためです。

また、今の時代、持ち家を購入することや車を購入することは資産ではなく負債に分類されます。というのは、売るときには買った値段よりも価格が下がることが多く、毎月の支払いが発生するので、結局のところ、消費か浪費となります。

では、投資はどのようなものでしょうか。

一般的には、株や不動産をイメージされる方が多いのですが、最もリターンが大きい投資は、「自己投資」です。払った金額以上にマイナスになることはありません。特に20代で知識やスキルを習得することにお金を払い、学びを実践する習慣を作っておけば、30代では大きな豊かさを実現することができるでしょう。

では、ここで質問です。あなたにとって旅行に行くことは、お金の使い方3つのうち、どこに分類されると思いますか？

これは目的次第です。娯楽のための旅行ならば浪費ですが、旅行に行くことで売上が上がるのならば投資に分類されます。

中でも、時代の流れも踏まえて、今後、自己投資の中でも、最も高めなければいけないことは、「稼ぐスキル」です。時代が刻一刻と変化し、バブル世代の方々が定年退職し、生きがいを求めている方も急増しているとの話もあります。会社に雇われて働くこと以外に、自分という人間の価値を世の中に発信し、お金を稼げるようなスキルを磨きあげておくことで、一生人生が充実したものになることは明白です。

収入は自分で決められないのではなく、自分で決めればいいのです。何度も言うように、人生は自己責任ですから。

ビジネスにしろ、投資にしろ、本当に稼ぐスキルが高まれば、現状手元にあるお金に執着することもなくなります。というのは、手元にあるお金を使ってしまったら終わり、なんて状態はまったくもって豊かとは言えないからです。私の個人的な考え方として、貯金ばかりにエネルギーを注ぐことはナンセンスなのです。

貯金する力のみがあるよりも、仮に全財産失ってしまったとしても、いつでも稼げる力がある方が何倍も豊かです。今月100万円使っても、来月200万円稼げるスキルがあれば問題ないわけで、とことん、「稼ぐスキル」を高めるためにお金を使うことを強くオススメします。

「行動・整理・反復」を繰り返し、大量行動する

人間は誰しも才能があります。潜在能力を開花させることで、偉業を成し遂げることができますが、眠ったままの人も多いのです。

人間の脳細胞は140億個あると言われていますが、実際のところは2~3%しか使っていません。脳細胞を活性化させていくためには、刺激を与える必要があります。

その手段として有効なことは、先ほどのインパクトの話でも述べたように、やったことがないことに挑戦することです。

もしくは、反復作業も同様に刺激になります。素振りなどを何度も練習することで脳が活性化し、潜在意識の内容が書き換わり、より早く、正確に動けるようになることと同じです。

いずれにせよ、**潜在能力を開花させるために、基本となるのは、まず行動すること**です。頭で考えるのではなく、実際に動いてみる。目の前の壁を突破する方法として、「大量行動」しかありません。

また、闇雲に行動するのも非効率なので、行動しながらも成果に結びつかないことは削減していく必要があります。それによって効率のいい動きを反復することができるのです。

この反復作業においてのポイントは、やや間を置くということです。

例えば、車の免許を合宿で取得された人ほど、事故や違反をすることがよくあるそうです。これはなぜかというと、脳細胞がつながるまでには多少時間がかかるため、運転技術を短期で詰め込みすぎると、技術を消化し切れないまま、路上での運転を迎えてしまったからです。

「行動→整理→反復」このサイクルを成功の原理・原則に従って実施すれば、結果が必ず変わるのです。

人間とコンピュータはよく似ています。私たちは学校教育の中で、今までにデータをたくさん得てきました。

コンピュータに例えると、知識がデータであり、判断はプログラム、心の充実は電源です。

知識をためこむだけで行動ができない人の場合は、データのみがあって、プログラムがないか、もしくはそもそも電源が入っていないかです。

中には、やる気満々だけれども、空回りしたり、判断が間違いだらけで結果につながらないという人もいます。これは、プログラムに問題があるのです。

また、電源が入っていない場合は、心の充実がない状態です。何もしたくない、という無気力な状態になります。

学校教育ではデータをため込むことを鍛えてきましたが、プログラムの性能を高めるには、実践経験を増やすこと以外方法がありません。

起業家は、判断する仕事です。すべてを自分で決めていく必要があるのです。実践を重ねることを避けては、成功はありえないということを心に留めておく必要があります。

成功者は80対20の法則で成果を生む核となる要素に集中し、習慣の質を高める

先ほど行動リストを作成する中で、「何をやらないのか」を決めることが重要だとお伝えしました。その中でも意識すべきは、**80対20の法則**。**別名、パレートの法則**とも呼ばれているものです。

パレートの法則は、セールスマンにおいて、成績がトップ20%のセールスマンが全体売上の80%を生み出していることや、20%の働き者のアリ、60%の平凡なアリ、20%の怠け者のアリがいることなど、自然界やビジネス、あらゆる場面で適用される法則です。

この法則が、行動リストにも適用されます。書き出したリストの中で、核となる重要な行動は全体の20%程度のはずです。要は、リターンの大きい、核となる重要な行動は数少ないということになります。

成果を出すために、やるべき4つのステップを次に示します。

①重要なことを増やす

行動リストに記載されていることの中で、最もリターンの大きい、核となる重要な20%の行動をとる頻度を高めましょう。例えば、起業し初めの頃は売上を上げる活動に時間を充てるべきです。売上を上げない作業は仕事とは言えません。事務作業やホームページ制作、見込み客と会わない作業は、仕事した気分になっているだけ。見込み客との商談を最優先にすべきなのです。

起業して、ホームページを作成し、集客も順調で、さらに集客やブランディングを高める段階であれば、出版が重要事項になるかもしれません。

②重要でないことを減らす

そのようにして、重要なことに取り組む行動の数を増やしていくと、時間は有限ですので、何でもかんでもやれるわけではありません。そこで、重要でないことを減らす作業が必要となります。

仕事の業務で、自分以外の人ができることなら他人に任せてもいいですし、もしかすると勝手にやらなくてはいけないと思い込んでいるだけのこともあります。

家族サービスが優先度の高いことだと考える人もいるかもしれませんが、本当にビジネスの成果を上げていくのであれば、個人的には優先度を下げるべきだと考えます。同じ方向を向くパートナーとして、ビジネスの話ができたり、相乗効果を生み出せるのであれば別ですが。その場合は、四六時中一緒にいた方がいいでしょう（笑）。

③新しいことをやってみる

同じことをずっと続けているとマンネリ化してくるものです。何か新しい風を取り入れる必要があります。ここで、まったく関係のないことに挑戦するのではなく、相乗効果を生み出す新しい活動を取り入れることをオススメします。

例えば、ずっと自己流でトレーニングしていた人が、プロボディービルダーのパーソナルトレーナーを雇ってみる。今までまったく興味がなかった聖書を読んでみる。もしくは、一拠点のみでビジネスをしていた人がまったく別の拠点に活動エリアを広げてみるのもいい手です。さらには、海外旅行に行って異国の風土を味わい、刺激を受けることもいいでしょう。

④あることを完全にやめる

最後に、自分の人生にとって、無駄なこと、やらなくていいことを完全にやめる作業になります。これは、無駄な飲み会を断ることや、無駄な人脈を切る作業かもしれません。金だけ吸い取る女性を手放すことかもしれません。収益を生むどころか、資金を溶かしているだけの投資やビジネスをやめること、また、時給単価の低い会社員の仕事を辞めることかもしれません。

実際、休日のみでビジネスを始めて、うまく売上を上げることができていれば忙しくなってくるので、むしろ会社を休まなくてはいけなくなるときがきます。

しかし、「もっと時間があれば成功できるのに」と考えている段階では会社を辞めるべきではありません。「時間がないからできない」「お金がないからできない」などという人は、時間とお金があっても何もできない人です。「〇月〇日に会社を辞める！」と、**退職の期日を作るのではなく、時給単価の低い会社員の仕事がビジネスの足かせになってくる段階を迎えるまで、限られた時間の中でビジネスの売上を上げることに意識を向けるべき**です。

私は会社員時代、土日だけのビジネスで安定して月１００万円程度を稼いでいましたが、会社で担当していたニューヨークのビジネスがうまくいき、新しいプロジェクトの立ち上げのメンバーに選ばれたことで、２～３ヵ月長期出張に行くことがほぼ確実でした。それだと自分のビジネスに影響が出るので、会社員を辞めることにしました。もちろん、自分のビジネスが一生やっていきたいことなので、迷わず優先しました。

こんな風に、「いついつに会社を辞める！」なんて目標を立てなくても、ビジネスがうまくいけば自然と会社員を辞めざるをえなくなるのです。そのタイミングは人それぞれですから、ギリギリまで会社員生活を粘ることをオススメします。

お客様の立場で考えることを習慣化すれば、魅力的な商品は自然と生まれる

今は、顧客が商品を選択する時代です。供給過多で、モノとサービスが溢れかえっているために、むしろ顧客としては何を選んでいいやら、という状態です。

そんな中で、独自商品を作るのは至難の業ですが、お客様のことを強く思い、「どうにかしてあげたい！」という愛があれば可能性はあります。

メーカーがよかれと思い、ひとりよがりで商品を作っても「そんな商品は求めていない」ということになってしまいます。

商品を作るための効果的な方法の一つとして、救いたいと思う人たちのコミュニティを形成し、直接ニーズをくみ取るという方法があります。

私もGOSPAという独自商品を作りましたが、これも顧客のニーズをくみ取ったものでした。当時、100万円を超える高額な成功教材を営業していましたが、本来はフォローがないという契約の中で、売りっぱなしにせず、自発的に毎月クライアントにフォローを実施していました。

すると、ある男性は、1年で収入を1000万円増やしたり、他にも借金状態から1年で収入を1500万円増やした男性もいれば、素敵なパートナーと結婚した人、営業成績が8000名中1位になった人、難関の国家資格を取得した人など、数々の成果を出していきました。

そんなある日、驚きの事実が発覚しました。実際は、ほとんどの人が私から購入した教材を使い続けていなかったのです。みなさんも経験ありませんか？　教材を買っただけで満足し、その後は押し入れの中でほこりをかぶって眠っていたなんてことが…（笑）。私のクライアントたちは、教材によって成果が出たのではなく、フルオーダーのフォローによって成果を出すことができたということがわかったのです。

そこで、私は**メンタリング、プランナー、コミュニティの３つのシステムを使った、今までにないまったく新しい目標達成プログラムを開発**しました。

まず、１つ目のシステム。自己啓発において、投資回収率がとても重要です。とりあえず高額なものを販売すればいいとの風潮もありますが、これは被害者を生むだけで一切受講生のためになりません。

そこで私は、高いだけで使用しない教材や、毎月負担になるローンをなくし、もっと多くの方に受講して頂きたいとの思いで費用を格段に下げ、車の教習所と同等価格で受講できるようにしました。

また、教材やセミナーは既製品であり、あなただけのために作られたフルオーダーの商品ではありませんので、個々の才能や経験、資金力、状況によっては正しいアドバイスのはずが正しくなくなってしまったり、逆に人生を狂わせることにもなりかねません。また、頭では理解できても実践できない場合が多く、効果が出にくいのです。

そこで、あなたのためだけのフルオーダーのアドバイス（メンタリング：「メンター」と呼ばれる経験値のある人から、定期的に指導をもらうこと）を毎月反復して受講し続けられるシステムを構築しました。

2つ目のシステムはプランナーです。私自身、今まで数々の成功手帳を使用してきました。中には7年間使用し続けたものもあります。

しかし、結果、破産しました（笑）。なぜかと言いますと、世の中のすべての成功手帳は単なるスケジュール帳であり、普通の手帳と大きく変わりはありません。究極の目標から長期、中期、短期、月間、週間、日間の行動計画に落とし込むことができず、日々やっていることがまったく究極の目標につながっていないことに気づかずに、がむしゃらにがんばってしまうため、成功しないのは当然の結果なのです。

そして、決して、教材を読んだり、セミナーやメンタリングによって指導を受けている最中に成果が出るのではなく、むしろ、それ以外の時間でいかに、指導を受けたことを本人が実行に移せているのかで成果が生まれるということが最も大切です。

そこで私は、GOSPAオリジナル成功手帳（サクセスプランナー）を作成しました。この手帳を使用することで、メンタリングによって思考を整え、成功者の判断ができるようになった頭で行動計画を作成でき、メンタリングを受けていない間にも確実に正しい行動ができるようになり、その結果として、成果が生まれるのです。

3つ目のシステムはコミュニティです。人間は、日頃つるむコミュニティの影響を大きく受けます。例えば、東大進学率が高い進学塾にいれば、東大に進学することが当たり前になるように、起業や成功が当たり前の環境にいれば、目標達成が当たり前になるのです。このコミュニティの効果を活かし、私は起業家と目標達成者が集まる質の高いコミュニティを形成し、受講生間の相乗効果を生み出すことにより、受講生の成果を継続できるようにしました。

以上の**メンタリング、プランナー、コミュニティの3つのシステムを最も成果が出るように最適化した業界初のメソッドを、「GOSPAメソッド®」**としてこの世に生み出したのです。

このように、私のケースにおいても、独自商品を作る鍵となったのは、もちろん、10年以上の業界の経験もありましたが、結局は、「救いたい！」という強い使命感でした。

あなたも起業家として、多くの人々を救う商品を作りたいと強く思っておられるのなら、お客様の立場で考える習慣を大切にすることをオススメします。

【メンタリング】

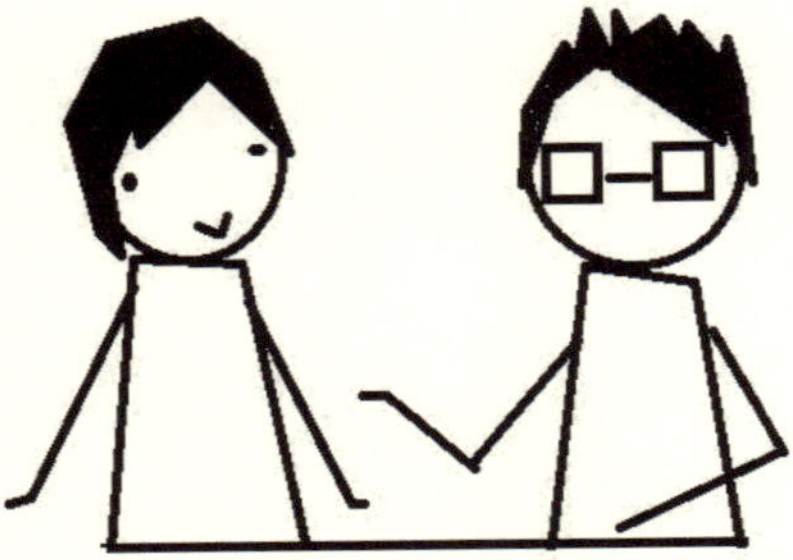

【プランナー】

【コミュニティ】

エピローグ

自分を、世の中を繁栄させるための道具だと思う

今日は、昨日死んでしまった人にとって、生きたかった日です。

ボーッと過ごしたり、心配ごとに神経を使ったり、将来の不安を抱えるべき日ではないということです。怖がっている暇はないし、迷っている場合でもありません。

今日という1日をどのように過ごすのか？　ただ自分のために使うよりも、もっと幸せになる方法は、**世の中を繁栄させるための「道具」として、自分を使う**ということです。

自分という存在を通じて何を世の中に提供すれば、より多くの人や世の中への貢献につながるのか？　自分視点ではなく、別の視点から自分を使ってみるのです。「あれがやりたい、これがやりたい」という思いがあるかもしれません。まずは、即、行動に移してみ

るといいでしょう。

しかし、本当に繁栄につながるビジネスをしたいのなら、自分の「好き」よりも、自分を素晴らしい世界に一つしかない「道具」として捉え、大いに使ってみてもいいんじゃないかと思うのです。

今までの「好き」という感覚から、ステージが格段に上がった「好き」を味わえるかもしれません。

あなたは何のためにこの世界に存在しているのか？

本書では、「ＧＯＳＰＡ目標達成の心理学」についてあらゆるポイントをお伝えしました。

私自身の経験も含め、さらに受講生の数々の目標達成の現場から判断すると、目標達成の成功要因のベースは、やはり**使命感**です。

「自分は何のためにこの世界に存在しているのか？」この質問に対する答えを実現するために、目標達成する、という思いがあれば、多くの人に感動を与えることもできます。

学校の勉強では、いかにテストでいい点数をとるのか、そしていい学校に進学し、いい会社に勤務するのか、という表面的な基準で勉強に打ち込みますが、これは実は豊かさを遠ざける思考です。

自分をどのように活かせば、最も価値の高いものを世の中に発信し、人々に貢献することができるだろうか？と考えることが豊かになるコツです。

もし電車が「俺、飛行機みたいに空を飛びたい」と思って、地上を高速で走り出したらどうなるでしょうか？　レールから脱線し、空を飛ぶどころか壊れてしまい、役に立たない存在になってしまいます。また、飛行機が船を見て「私、海を優雅に泳ぎたい」と思って海に突っ込んだらどうなるでしょうか？　エンジンはとまり、着水時の衝撃で破損した穴から海水が入り、そのうち沈没するだけです。当然、電車は電車として設計されて、レールの上を走るように作られており、飛行機は飛行機として設計されており、空を飛ぶように作られているためです。

実は、人間もこれと同じです。空を飛ぼうとする電車や、海を泳ごうとする飛行機になれば、役に立たない存在になってしまいます。要するに、**自分が何の役割と目的のために、天によって創造されているのかを知り、自分に与えられている才能や役割に沿って人生を歩む**ことが大切なのです。

GOSPAは才能診断の資格を持つコンサルタントが多数在籍しておりますので、受講生が目標設定をする前に、受講生1人1人に対して才能診断を行います。才能や役割を明確にしてから、それを活かせる方向で目標設定を行い、人生の戦略を共に考え、起業や転職、恋愛のアドバイスをします。そうすれば、まるで大きな力で背中を押してもらっているような流れのいい人生に変わり、自然と楽しんでいるだけで、息を吸って吐くように簡単に目標達成できるのです。

使命に生きれば、成功と富は加速する

私は本書において、あらかじめ、気合と根性なんぞいらない、と言いました。これには深い意味があります。

気合と根性に頼り、毎日一生懸命にがんばり、まるでいばらの道に突っ込んでいるような感覚があれば、あなたの使命から大きく外れてしまっている場合があるのです。進むべき道から外れ、「そっちじゃないよ」と言われているのです。

軌道修正しないままだと、もしかすると、借金、破産、離婚、鬱、病気、事故などという、望まない出来事で、強制ストップがかかります。私も何度も経験しました。ある意味、大いなる存在がこのような形のメッセージで、私たちに教えてくれているのです。ですから、それらは**悪いことではなく、使命に気づくチャンス**です。悪いことや恥ずかしいことだと思って、避けたり、隠したり、自分を責めたりするのではなく、**天からのギフトとして気づき、受け入れ、理解し、感謝して、使命に生きる人生へと軌道修正することで、成**

功と富は加速します。

ですから、私たちはどんなときも大いなる存在に愛され、使命に導かれているので、幸せ者なのです。

使命に生き、才能と役割を活かしていると、天が応援してくれます。大いなる力が背中を押してくれているかの如く、知識、知恵、スキル、仲間、パートナー、力、権威、富などのあらゆる資源が与えられ、**エネルギーにあふれ、人生の上昇気流に乗り、鷲のように力強く大空を空高く舞い上がり、とんとん拍子に目標を次々と達成していける**のです。

本当に進むべき道を見えなくさせてしまう存在として、気合と根性は邪魔になるのです。

夢や目標は語るものではなく、達成するもの

「与えれば、返ってくる」とよく言われます。実は、これは正しくもあり、間違いでもあ

ります。

本当のところは、「与えれば与えるほど、より与えることができるようになる」。つまり、与え上手になるということです。

先ほどの使命の話に戻りますが、**自分という存在を通じて何を世の中に提供すれば、より多くの人や世の中への貢献につながるのか？** この点を明確化し、その使命に打ち込むために、お金や時間、労力、エネルギーなどの自分の持てる資源をすべて喜んで与えよう！という思考は、まさしく与え上手なのです。

与え上手になるということは、セールスにも通ずるところがあります。

もちろん、売る技術があると売上が上がります。しかし、それだけではありません。**商品を提供できれば、そのお客様に貢献することができます**。「いい商品と出逢えてよかった」そう言ってもらえるようなセールスマンは、与え上手です。

「自分には与えるものがない」という人がいますが、それは大きな勘違いです。

お金や目に見えるもの以外にも、目に見えないものを与えることができます。**目が合えば微笑む、素敵だなと思ったら素直にほめる、落ち込んでいる人がいたら励ます、自分の経験からアドバイスを与える**など、人間は、どんな状態だったとしても、充分すぎるほどの与える力があります。

豊かになりたいなら、与え上手になりましょう。

成功したいなら、今差し出せるものを必要としている人に差し出してみましょう。

幸せになりたいなら、与える幸せを知りましょう。

もしライト兄弟が、「空を飛びたい」と言っただけで、何も達成しなかったら、今頃はどんな世界になっていたでしょうか？　彼らが目標を達成してくれたので、今では飛行機で海外に行けることが当たり前のようになりました。他にも、エジソンが電球を発明してくれたからこそ、夜や暗闇でも活動できるようになったのです。

夢や目標は語るものではなく、達成するものです。

ですから、**我々が目標を達成することは、人々や世の中への貢献になります。**それが世界を変えることになるかもしれません。しかし、「そんなことできないよ」というドリームキラーが身近にいることだってあります。ですが、**決して諦めてはいけません。**なぜなら、彼らはあくまで夢や目標がない人か、夢や目標を途中で諦めた人であり、外野であり、評論家だからです。**人生の主人公はプレーヤーであるあなた自身**です。そして、エネルギーが高く、向上心があり、前向きな人とだけつるみ、あなたが実現したい夢や目標をすでに達成しているメンターからアドバイスをもらうことです。そうすれば**夢や目標は必ず実現できます。**

私は、心からあなたの本気の目標達成を応援します。

そして、一緒に、この世の中にまだまだ残る、様々な不満や不便、様々な痛みや問題を解決し、より豊かで幸せな、よりよい世界に変革し、**この地上に楽園を創造していく**ことを願っております。

貴重なお金と時間を投資して、本書を読んで頂けたことを感謝しています。
あなたとどこかで、お会いできることを楽しみにしています。

■参考文献

『ゴール─最速で成果が上がる21ステップ』ブライアン・トレーシー（ＰＨＰ研究所）
『大切なことだけやりなさい』ブライアン・トレーシー（ディスカヴァー・トゥエンティワン）
『失敗の本質─日本軍の組織論的研究』戸部良一／寺本義也／鎌田伸一／杉之尾孝生／村井友秀／野中郁次郎（ダイヤモンド社）
『ＮＨＫ「１００分de名著」ブックス ドラッカー マネジメント』上田惇生（ＮＨＫ出版）
『聖書に隠された成功法則』松島修（サンマーク出版）
『努力はいらない！「夢」実現脳の作り方』苫米地英人（マキノ出版）

プロフィール

滝内 恭敬　（タキウチ ヤスユキ）

株式会社GOSPA 代表

世界最高峰の「自己啓発プログラム」「ビジネススクール」「スピリチュアル」を融合し、最も成果が出る様に最適化した業界初の目標達成プログラムにより「あなたの成功と富を習慣化する！」目標達成習慣化コンサルタント、ビジネス仕組化コンサルタント。

高専卒業後、大手航空会社で国際線整備の仕事に就くも、入社２年で退職し、輸入ビジネスを起業して上海に展開する。セミナーや教材に数百万円以上のお金をかけて勉強し、精一杯がんばったにも関わらず、失敗して多重債務、ホームレス、破産、日雇い労働者、最終的にはメンタルがやられニート、離婚を経験する。

どん底から脱却すべく、平日は大手重工会社でNY地下鉄の設計の仕事をしながら、2013年５月に株式会社GOSPAを設立し、社長に就任。その後３年で１億円を稼ぎ、ビジネスを自動化して時間と経済の自由を実現。

15年以上にわたり、世界最高峰のあらゆる目標達成メソッドを研究し続け、自身の経験からさらに発展させ、目標達成の真理を体得。これまでに6,000人以上に指導し、97.2%のクライアントが成果を実感している再現性のある目標達成法として「GOSPAメソッド®」を確立。

「世界中のすべての人々の自己実現欲求を満たし、世界の飢えと貧困を根本からなくす！」ことを社会的約束に、GOSPAプログラムのさらなる普及と改善に努めている。

GOSPAオフィシャルサイト
http://www.gospa.jp/

本書をお読みくださったあなたへ

無料プレゼントのお知らせ!

本書でご紹介させて頂いた
GOSPA メソッドを実践して頂くための
具体的方法を動画でわかりやすく
解説させて頂きます。

▶GOSPA ピラミッド書き方動画無料ダウンロード

▶GOSPA 行動計画書書き方動画無料ダウンロード

プレゼントの受け取り方法は? ▶ 著者◎滝内 恭敬のLINE友達になって「GOSPA目標達成の心理学」と送信してください。

①スマホやネットでLINEを開いて「友達検索」で以下のID検索

もしくは、スマホでLINEアプリを開き、
[友達追加]→[ID検索] で、
以下のように入力してください。
@gospa(@をお忘れなく)

またはQRコードを読み込んでください

②「友達追加」して頂き、「GOSPA目標達成の心理学」とメッセージを送ってください。

※特典の配布は予告なく終了することがございます。予めご了承ください。
※動画はインターネット上のみでの配信になります。予めご了承ください。

GOSPA 目標達成の心理学

2018年4月16日　初版第1刷発行

著者　滝内恭敬

発行者　岡部 昌洋
プロデュース　水野 俊哉

発行　サンライズパブリッシング
〒105-0013 東京都港区浜松町2丁目2−15 浜松町ダイヤハイツ2F
Tel : 03-6862-0101

発売　星雲社
〒112-0012 東京都文京区水道1-3-30
Tel : 03-3868-3275

印刷・製本　株式会社シナノ

ISBN 978-4-434-24581-7　Printed in Japan